Popina®

Backen

mit Leidenschaft

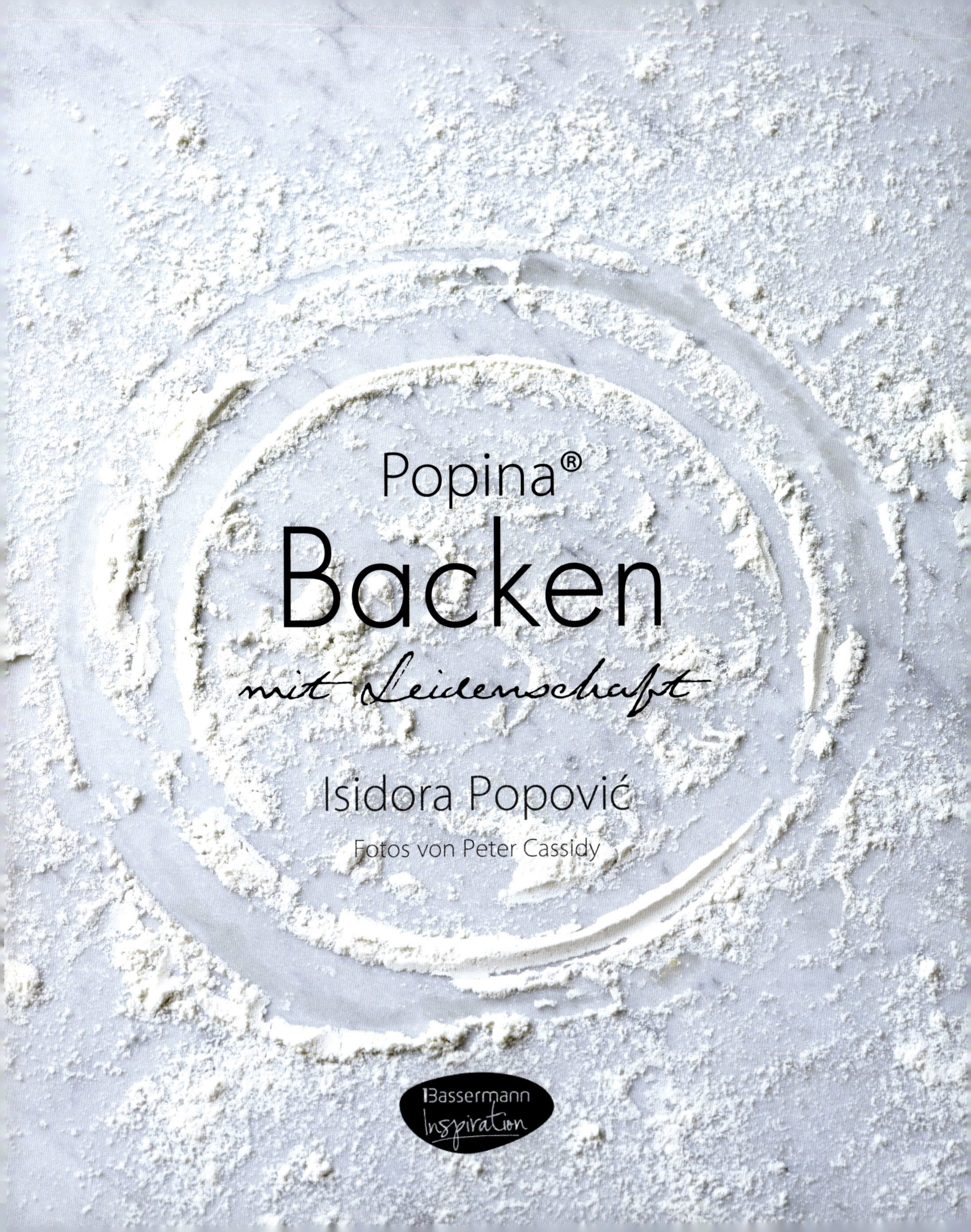

Popina®

Backen

mit Leidenschaft

Isidora Popović

Fotos von Peter Cassidy

Bassermann Inspiration

Für meine Eltern
Pavle und Rozalia

ISBN: 978-3-572-08054-0

2012 by Bassermann Inspiration, einem Unternehmen der Verlagsgruppe Random House GmbH, 81673 München

First published in Großbritannien in 2010 unter dem Titel "popina – book of baking" by Ryland Peters & Small
20-21 Jockey's Fields
London WC1R 4BW

Umschlaggestaltung: Atelier Versen, Bad Aibling
Fotos und Foodstyling: Peter Cassidy und Linda Tubby
Layout: Steve Painter
Übersetzung des englischen Originals: Melanie Schirdewahn, Köln
Lektorat: Lisa Voges, Köln

Popina Logo und Branding: Igor Jocić

Satz und Realisation: trans texas publishing, Köln
Druck: Toppan Printing Co. Ltd.

Printed in China

817 2635 4453 6271

Hinweise

Die Auszeichnungen für einige Popina-Kreationen wurden im Rahmen der Great Taste Awards der Guild of Fine Food verliehen.

- Falls nicht anders angegeben, handelt es sich bei Mengenangaben in Löffeln stets um gestrichene Maße.

- Falls nicht anders angegeben, werden in allen Rezepten Eier der Größe M, möglichst in Bio-Qualität, verwendet. Kinder, Senioren, Schwangere, Kranke und Rekonvaleszenten sollten auf Gerichte mit rohen oder nicht durchgegarten Eiern verzichten.

- Den Backofen immer auf die angegebene Temperatur vorheizen. Die Rezepte aus diesem Buch wurden in einem Umluftofen getestet. Bei Verwendung eines Gasofens oder eines Ofens mit Ober- und Unterhitze muss die Backzeit/-temperatur gegebenenfalls angepasst werden.

- Einmachgläser vor der Verwendung immer sterilisieren: mit heißem Seifenwasser auswaschen und mit kochendem Wasser ausspülen. In einem großen Topf mit Wasser bedecken. Bei geschlossenem Deckel zum Kochen bringen und 15 Minuten kochen lassen. Dann vom Herd nehmen und die Gläser bis kurz vor der Verwendung im heißen Wasser stehen lassen. Die Gläser dann zum Trocknen umgedreht auf Küchenpapier stellen. Die Deckel 5 Minuten in kochendem Wasser oder laut Herstellerangaben sterilisieren. Die Gläser füllen und verschließen, solange sie noch heiß sind.

FSC
www.fsc.org
MIX
Papier aus verantwortungsvollen Quellen
FSC® C005882

Inhalt

Vorwort

Als ich Isidora Popović das erste Mal traf, hatte sie ihr Unternehmen Popina gerade erst seit ein paar Monaten. Es war ein oder zwei Wochen vor Weihnachten, als ich über den Portobello-Markt in London schlenderte und einen neuen Stand entdeckte. Seine charmante, nette Aufmachung zog mich magisch an – schließlich ist so etwas auf einem Markt eher selten. Hübsch in Zellophan verpackt und mit einer Schleife versehen lachten mich diverse Kuchen und Kekse in Körben an. Sie sahen aber nicht nur äußerst verführerisch aus, nein, sie schmeckten auch ganz wunderbar. Qualität und Vielfalt der Zutaten waren sofort zu erkennen. Die Tiefe der Aromen, ungewöhnliche, interessante Gewürzmischungen, eine nur durch die Verbindung von Mehl und Wasser erreichte wunderbar knusprige Textur oder eine weiche, saftige Konsistenz durch die Zugabe von Früchten zeigten: Hier war eine echte Bäckerin am Werk – eine mit Talent, Kreativität und Liebe zum Detail. Isidora, die wie eine Henne hin und her lief, um sich um all ihre Küken, sprich Kunden, zu kümmern, hatte keine Zeit zum Plaudern, und es ist mir im Nachhinein ein wenig peinlich, dass ich an diesem Tag allzu viele Proben kostete. Doch ich konnte einfach nicht widerstehen und langte immer wieder zu … Isidora war allerdings viel zu liebenswürdig, um dies zu kommentieren. Wiederhergestellt wurde meine Ehre hoffentlich dadurch, dass ich einige Päckchen für meine Freunde, meine Familie und natürlich für mich selbst für die bevorstehenden Weihnachtstage kaufte.

Das zweite Mal begegnete ich Isidora, als sie an einem Wettbewerb für Kleinproduzenten teilnahm, bei dem ich sie in meiner Funktion als Jurorin in ihrer Produktionsstätte im Londoner East End aufsuchte. Im Laufe der Jahre habe ich Tausende von Kleinproduzenten in ihren Werkstätten besucht – und ich übertreibe nicht, wenn ich Ihnen sage, dass mir so etwas wie Isidoras „Werkstätte" noch nicht untergekommen war. Was ich nämlich nicht wusste, war, dass ihre Backstube in ihrer Wohnung untergebracht war, oder besser gesagt: Isidora wohnte in ihrer Backstube/Werkstatt/Lager/Packraum/Büro. Was mir dann aber wirklich den Atem verschlug (Sie wären erstaunt, was ich schon so alles gesehen habe), war folgender Anblick: ein Wohnzimmer, in das sich mehrere Backöfen quetschten und in dem fast jeder Zentimeter für Backformen, Backbleche und sonstige Backutensilien genutzt wurde, und mittendrin und über allem, offenbar gewöhnt an diese Situation: Isidora. Dort stand sie und strahlte Wärme, Leidenschaft, absolute Hingabe und unbedingten Erfolgswillen aus. Voller Stolz und Begeisterung präsentierte sie mir das, was sie ohne Zögern als „Backkunst mit Seele" bezeichnete.

Im Grunde hat sich seither nicht viel geändert. Mit Isidora am Steuer ist die Qualität gleichbleibend hoch, ungeachtet der Produktionsmenge oder des Erfolgs. Inzwischen treffe ich Isidora zwar nicht mehr an ihren Londoner Marktständen, doch jedes Mal, wenn ich in eines ihrer Produkte beiße, denke ich an sie und lächele. Es freut mich sehr, dass sie erreicht hat, was sie wollte, nämlich jedem Kunden „ein Gesamterlebnis aus Geschmack, Textur und Optik" zu bieten. Toll, dass sie nun mit diesem Buch ihre Rezepte auch mit uns Hobbybäckern teilt.

Henrietta Green

Einleitung

Ich wurde in der serbischen Stadt Novi Sad an der Donau geboren. Damals gab es in Serbien keine großen Supermärkte. Also ging meine Mutter jeden Tag zum Markt, wo die Bauern, Käsehändler, Fleischer und Fischer aus der Region Waren anboten, die entweder auf den umliegenden Höfen oder in den Bergen weiter im Hinterland angebaut, erzeugt oder erlegt wurden. Meine Mutter bereitete unser Frühstück, Mittagessen und Abendessen immer mit täglich frisch gekauften Zutaten zu. Bis heute habe ich, wenn ich an einem Rezept arbeite, diese Kindheitserinnerungen vor Augen: leuchtende, in Sonnenlicht getauchte Farben, saisonal frisches und vollreifes, aromatisches Obst und Gemüse und das geschäftige Treiben auf dem Marktplatz – ein echtes Füllhorn also.

Ich liebte es, meiner Mutter beim Kochen zuzuschauen, denn sie ging sehr kreativ mit Aromen und Rezepten um. Im Herbst wurde Obst geerntet, aus dem wir Marmelade und Kompott herstellten; wir kochten Tomaten zu Sauce ein; wir sammelten und trockneten Nüsse; wir legten Kohl, Gurken und Paprika in den Farben des Regenbogens ein; wir kauften Fleisch, um Würste daraus herzustellen oder es zu pökeln; wir trockneten Blüten und Kräuter für den Winter. Essen und Kochen waren keine bloße Notwendigkeit, sondern eine echte Leidenschaft, etwas, das man mit Stolz an seine Nachkommen weitergab.

Popina gründete ich 1999 nach Abschluss meines Kunststudiums an der Londoner Goldsmith-Uni. Ich hatte soeben ein Kunstprojekt zum Thema Essen beendet und dabei so viel Enthusiasmus entwickelt, dass ich ihn unbedingt an andere weitergeben und mein Interesse vertiefen wollte. Eine großartige Gelegenheit bot sich, als ich nach langem Warten einen Standplatz auf dem Portobello-Markt in Notting Hill bekam. Mit finanzieller Hilfe und Unterstützung durch das Starthilfeprogramm The Prince's Trust gründete ich Popina und begann mit dem Verkauf. Den lateinischen Namen wählte ich, weil er „Gaststätte" bedeutet – ein einladender Ort zum Essen. Ganz im Stil Londons sind alle Popina-Rezepte eine Mischung aus kulturellen Einflüssen und kulinarischen Inspirationen.

Anfangs backte ich meine Kekse noch zu Hause und verkaufte sie auf dem belebten Markt. Größter Antrieb waren meine Kunden, von denen ich viel Zuspruch erhielt. Sie liebten unsere Produkte und kamen immer wieder. In den letzten zehn Jahren haben Popina-Rezepte viele renommierte Preise gewonnen und werden von Gourmets in Großbritannien und im Ausland geschätzt.

Bei Popina geht es schlicht und einfach um Fantasie, saisonale Zutaten und die Liebe zu gutem Essen. Meine Kraft kommt aus meinem Respekt für die Natur und meinem Drang, Neues zu schaffen, zu lernen und herausgefordert zu werden. In diesem Buch habe ich einige meiner Lieblingsrezepte zusammengestellt. Manche Backwaren stammen aus der Anfangszeit auf dem Markt, andere kann man noch heute kaufen.

Ich hoffe sehr, dass Sie beim Ausprobieren der Rezepte ebenso viel Spaß haben wie ich bei ihrer Entwicklung. Ich möchte Sie aber auch dazu ermutigen, dieses Buch als Grundlage für Ihre eigenen Kreationen zu nutzen.

Isidora Popović

Popina

Plätzchen, Cookies & Biscotti

Hafer-Cookies mit Ingwer und Sultaninen

Fruchtig und mit einer warmen Ingwernote – am besten frisch aus dem Ofen genießen.

100 g weiche Butter

150 g brauner Zucker

1 EL goldener Zuckerrübensirup

1 Ei

200 g Weizenmehl

½ TL Backpulver

30 g kernige Haferflocken

70 g kandierter Ingwer, gehackt

70 g Sultaninen

1–2 Backbleche, mit Backpapier ausgelegt

Ergibt etwa 12 Stück

Butter und Zucker in einer Rührschüssel cremig rühren. Sirup und Ei hinzufügen und sorgfältig unterrühren. Mehl, Backpulver und Haferflocken in einer zweiten Schüssel mischen, dann in die Buttermasse rühren. Ingwer und Sultaninen einarbeiten.

Den Teig zu einer 5 cm dicken Rolle formen, in Frischhaltefolie einwickeln und etwa 1 Stunde im Kühlschrank ruhen lassen.

Den Backofen auf 170 °C vorheizen.

Den Teig aus dem Kühlschrank nehmen und die Frischhaltefolie entfernen. In etwa 2 cm dicke Scheiben schneiden und mit ausreichend Abstand auf den vorbereiteten Backblechen verteilen, da der Teig beim Backen aufgeht.

Die Cookies im vorgeheizten Ofen 20–25 Minuten goldgelb backen. Aus dem Ofen nehmen und auskühlen lassen. Die Cookies halten sich in einem luftdicht verschließbaren Behälter bis zu 1 Woche.

Pekannuss-Cranberry-Cookies

Herrlich süße Pekannüsse bilden den perfekten Gegensatz zu den fein säuerlichen Cranberrys. Meine absoluten Lieblingscookies.

100 g weiche Butter

140 g brauner Zucker

1 EL goldener Zuckerrübensirup

ein paar Tropfen Vanillearoma

1 Ei

200 g Weizenmehl

½ TL Backpulver

30 g Pekannusskerne, gehackt

30 g getrocknete Cranberrys

1–2 Backbleche, mit Backpapier ausgelegt

Ergibt etwa 12 Stück

Butter und Zucker in einer Rührschüssel cremig rühren. Sirup, Vanillearoma und Ei hinzufügen und sorgfältig unterrühren. Mehl und Backpulver in einer zweiten Schüssel mischen, dann in die Buttermasse rühren. Pekannüsse und Cranberrys einarbeiten.

Den Teig zu einer 5 cm dicken Rolle formen, in Frischhaltefolie einwickeln und etwa 1 Stunde im Kühlschrank ruhen lassen.

Den Backofen auf 170 °C vorheizen.

Den Teig aus dem Kühlschrank nehmen und die Frischhaltefolie entfernen. In etwa 2 cm dicke Scheiben schneiden und mit ausreichend Abstand auf den vorbereiteten Backblechen verteilen, da der Teig beim Backen aufgeht.

Die Cookies im vorgeheizten Ofen 20–25 Minuten goldgelb backen. Aus dem Ofen nehmen und auskühlen lassen. Die Cookies halten sich in einem luftdicht verschließbaren Behälter bis zu 1 Woche.

Schokoladen-Cookies

Für diese Cookies können Sie fertige Schokoladentropfen verwenden oder auch Schokolade selbst hacken. Am besten schmecken sie lauwarm, wenn die Schokolade noch weich ist.

120 g weiche Butter

160 g brauner Zucker

1 EL goldener Zuckerrübensirup

ein paar Tropfen Vanillearoma

1 Ei

200 g Weizenmehl

½ TL Backpulver

60 g Zartbitterschokolade, gehackt (oder Schokoladentropfen)

60 g Milchschokolade, gehackt (oder Schokoladentropfen)

1–2 Backbleche, mit Backpapier ausgelegt

Ergibt etwa 12 Stück

Butter und Zucker in einer Rührschüssel cremig rühren. Sirup, Vanillearoma und Ei hinzufügen und sorgfältig unterrühren. Mehl und Backpulver in einer zweiten Schüssel mischen, dann in die Buttermasse rühren. Die gehackte Schokolade einarbeiten.

Den Teig zu einer 5 cm dicken Rolle formen, in Frischhaltefolie einwickeln und etwa 1 Stunde im Kühlschrank ruhen lassen.

Den Backofen auf 170 °C vorheizen.

Den Teig aus dem Kühlschrank nehmen und die Frischhaltefolie entfernen. In etwa 2 cm dicke Scheiben schneiden und mit ausreichend Abstand auf den vorbereiteten Backblechen verteilen, da der Teig beim Backen aufgeht.

Die Cookies im vorgeheizten Ofen 20–25 Minuten goldgelb backen. Aus dem Ofen nehmen und auskühlen lassen. Die Cookies halten sich in einem luftdicht verschließbaren Behälter bis zu 1 Woche.

Hafer-Cookies mit Sultaninen

Ein klassischer Cookie auf Popina-Art: herrlich mürbe und voller guter Haferflocken. Bereiten Sie die doppelte Teigmenge zu und frieren Sie sie ein. So können Sie ganz fix frische Plätzchen für spontanen Besuch (vorher 15 Minuten auftauen lassen) backen.

150 g weiche Butter

140 g brauner Zucker

1 Ei

120 g Weizenmehl

½ TL Backpulver

½ TL Zimt

80 g kernige Haferflocken

80 g zarte Haferflocken

100 g Sultaninen

1–2 Backbleche, mit Backpapier ausgelegt

Ergibt etwa 12 Stück

Butter und Zucker in einer Rührschüssel cremig rühren. Das Ei hinzufügen und sorgfältig unterrühren. Mehl, Backpulver, Zimt und Haferflocken in einer zweiten Schüssel mischen, dann in die Buttermasse rühren. Die Sultaninen einarbeiten.

Den Teig zu einer 5 cm dicken Rolle formen, in Frischhaltefolie einwickeln und etwa 1 Stunde im Kühlschrank ruhen lassen.

Den Backofen auf 170 °C vorheizen.

Den Teig aus dem Kühlschrank nehmen und die Frischhaltefolie entfernen. In etwa 2 cm dicke Scheiben schneiden und mit ausreichend Abstand auf den vorbereiteten Backblechen verteilen, da der Teig beim Backen aufgeht.

Die Cookies im vorgeheizten Ofen 20–25 Minuten goldgelb backen. Aus dem Ofen nehmen und auskühlen lassen. Die Cookies halten sich in einem luftdicht verschließbaren Behälter bis zu 1 Woche.

Polenta-Biscotti mit Kirschen und Nüssen

Hier ist ein großartiges gluten- und milchfreies Rezept, das ich mir vor Jahren für meine Kunden vom Portobello-Markt ausgedacht habe. Genießen Sie diese unwiderstehlichen Biscotti am besten zu einem Espresso.

150 g Polenta (Maisgrieß)

70 g Reismehl

1½ TL Backpulver

100 g brauner Zucker oder Rohrohrzucker

2 Eier, getrennt

50 ml Apfelsaft

30 g getrocknete Sauerkirschen (oder getrocknete Cranberrys)

30 g Sultaninen

30 g Pistazienkerne

30 g Haselnusskerne

1 Backblech, mit Backpapier ausgelegt

Ergibt etwa 20 Stück

Den Backofen auf 150 °C vorheizen.

Polenta, Reismehl, Backpulver und Zucker mischen.

Das Eigelb in einer Rührschüssel hell aufschlagen. Apfelsaft und Polenta-Mischung unterrühren.

Das Eiweiß in einer zweiten Schüssel steif schlagen und vorsichtig unter den Polentateig heben. Kirschen, Sultaninen, Pistazien und Haselnüsse untermischen.

Den Teig in die Mitte des vorbereiteten Backblechs geben und zu einem abgeflachten, etwa 8 cm breiten Strang formen (nehmen Sie hierzu das Backpapier zur Hilfe).

Im vorgeheizten Ofen etwa 30 Minuten backen. Der Teig ist durchgebacken und kann aus dem Ofen genommen werden, wenn er bei leichtem Fingerdruck zurückspringt. Fühlt er sich noch fest an, muss er einige weitere Minuten gebacken werden.

Den Teigstrang mit einem Brotmesser in 1 cm dicke Scheiben schneiden. Damit diese Art von glutenfreiem Gebäck möglichst wenig krümelt, das Messer am besten in einer schnellen Bewegung nach unten drücken.

Die Scheiben auf das Backblech legen und von jeder Seite nochmals 5 Minuten backen. Aus dem Ofen nehmen, sobald sie goldgelb sind, und auskühlen lassen. Die Biscotti halten sich in einem luftdicht verschließbaren Behälter bis zu 2 Wochen.

Biscotti mit Trockenfrüchten und Nüssen

Dieses doppelt gebackene knusprige Gebäck mit der fruchtig-nussigen Note ist recht leicht, da es ohne Butter zubereitet wird. Es schmeckt zum Kaffee oder als knuspriger Kontrast zu einem cremigen Vanilleeis.

200 g Weizenmehl

1½ TL Backpulver

100 g brauner Zucker oder Rohrohrzucker

30 g Pistazienkerne

30 g Haselnusskerne

30 g Sultaninen

40 g getrocknete Aprikosen, klein gewürfelt

40 g getrocknete Feigen, klein gewürfelt

fein abgeriebene Schale von 1 kleinen unbehandelten Zitrone

2 Eier, leicht verquirlt

1 Backblech, mit Backpapier ausgelegt

Ergibt etwa 28 Stück

Den Backofen auf 150 °C vorheizen.

Mehl und Backpulver in eine Rührschüssel sieben. Zucker, Pistazien, Haselnüsse, Sultaninen, Aprikosen, Feigen und Zitronenschale untermischen.

Die Eier zugießen und alles zu einem Teig verarbeiten. Den Teig zu einer Kugel formen und auf das vorbereitete Backblech geben.

Den Teig mit bemehlten Händen zu einer Rolle formen (Sie können das Backpapier zuhilfe nehmen) und flach drücken, bis ein Strang von etwa 8 cm Breite entstanden ist.

Im vorgeheizten Ofen etwa 30 Minuten backen. Der Teig ist durchgebacken und kann aus dem Ofen genommen werden, wenn er bei leichtem Fingerdruck wieder zurückspringt. Fühlt er sich noch fest an, muss er einige weitere Minuten gebacken werden. Aus dem Ofen nehmen und etwa 10 Minuten abkühlen lassen.

Den Teig mit einem Brotmesser in 5 mm dicke Scheiben schneiden. Die Scheiben auf das Backblech legen und von jeder Seite nochmals 5 Minuten backen. Aus dem Ofen nehmen, sobald sie goldgelb sind, und auskühlen lassen. Die Biscotti halten sich in einem luftdicht verschließbaren Behälter bis zu 2 Wochen.

Feigenplätzchen mit weißer Schokolade

Diese Plätzchen sind einfach klasse: weich, saftig und fruchtig. Das i-Tüpfelchen ist die cremige weiße Schokolade. Wählen Sie möglichst weiche Trockenfeigen aus: Sie sind am besten zum Backen geeignet. Bei festeren Exemplaren vor Verwendung den harten Stiel entfernen.

50 g weiche Butter

80 g brauner Zucker oder Rohrohrzucker

ein paar Tropfen Vanillearoma

1 Ei

70 g weiche getrocknete Feigen, klein gewürfelt

50 g weiße Schokolade, gehackt (oder Schokoladentropfen)

130 g Weizenmehl

1½ TL Backpulver

1–2 Backbleche, mit Backpapier ausgelegt

Ergibt etwa 15 Stück

Den Backofen auf 160 °C vorheizen.

Butter und Zucker in einer Rührschüssel cremig rühren. Vanillearoma und Ei hinzufügen und sorgfältig unterrühren. Feigen und gehackte Schokolade untermischen. Mehl und Backpulver in einer zweiten Schüssel mischen und in den Teig einarbeiten.

Gut teelöffelgroße Teigportionen auf die vorbereiteten Backbleche setzen und etwas flach drücken. Ausreichend Abstand dazwischen lassen, da der Teig beim Backen aufgeht.

Im vorgeheizten Ofen etwa 25 Minuten goldgelb backen. Aus dem Ofen nehmen und auskühlen lassen. Die Plätzchen halten sich in einem luftdicht verschließbaren Behälter bis zu 1 Woche.

Ingwerplätzchen mit Chili-Karamell

Achtung: Diese Kekse machen süchtig! Beim Beträufeln mit dem heißen Karamell können Sie außerdem Ihre kreative Seite ausleben. Die großzügige Menge kandierter Ingwer und ein wenig Chilischärfe verleihen ihnen das gewisse Etwas.

50 g weiche Butter

100 g brauner Zucker oder Rohrohrzucker

1 Ei

50 g kandierter Ingwer, fein gehackt

130 g Weizenmehl

1½ TL Backpulver

2 TL Ingwerpulver

Chili-Karamell

100 g brauner Zucker oder Rohrohrzucker

1 Prise Cayennepfeffer oder Chilipulver (oder mehr, wenn Sie es schön scharf mögen!)

1–2 Backbleche, mit Backpapier ausgelegt

Ergibt etwa 15 Stück

Den Backofen auf 160 °C vorheizen.

Butter und Zucker in einer Rührschüssel cremig rühren. Das Ei hinzufügen und sorgfältig einarbeiten. Dann den Ingwer unterrühren. Mehl, Backpulver und Ingwerpulver in einer zweiten Schüssel mischen und in den Teig einarbeiten.

Gut teelöffelgroße Teigportionen auf die vorbereiteten Backbleche setzen und etwas flach drücken. Ausreichend Abstand dazwischen lassen, da der Teig beim Backen aufgeht.

Im vorgeheizten Ofen etwa 25 Minuten goldgelb backen. Aus dem Ofen nehmen und abkühlen lassen.

Inzwischen für den Chili-Karamell den Zucker in einem schweren Topf bei mittlerer Hitze schmelzen. Achtung: Da Zucker schnell anbrennt und den Karamell bitter werden lässt, sollten Sie häufig umrühren und den Topf nicht aus den Augen lassen. Nach ein paar Minuten sollte der Zucker vollständig geschmolzen sein. Vom Herd nehmen und Cayennepfeffer oder Chilipulver unterrühren. Sofort weiterverarbeiten, da Karamell schnell wieder hart wird. Seien Sie beim Zubereiten des Karamells vorsichtig: Karamell ist sehr heiß, und man kann sich leicht verbrennen.

Den Karamell mit einem Löffel in einem Muster nach Wahl über die Plätzchen träufeln und hart werden lassen. Dann die Plätzchen vom Backblech heben. Die Plätzchen halten sich in einem luftdicht verschließbaren Behälter bis zu 1 Woche. Bei hoher Luftfeuchtigkeit ist es allerdings möglich, dass der Karamell in die Kekse einzieht.

Kokosplätzchen mit Ananas und Zitrone

Es empfiehlt sich, die kandierte Ananas im Voraus zuzubereiten. Sie hält sich wochenlang, sodass man diese Plätzchen jederzeit spontan backen kann. Den Ananassirup mit seinem wundervollen Aroma sollten Sie ebenfalls aufbewahren. Ich süße damit gern mein Frühstücksmüsli.

100 g weiche Butter

180 g brauner Zucker oder 180 g Ananassirup (siehe Zubereitung)

2 Eier

fein abgeriebene Schale von 1 unbehandelten Zitrone

120 g Kokosraspel oder fein geriebene frische Kokosnuss

260 g Weizenmehl

2 TL Backpulver

Kandierte Ananas

430 g Ananasstücke aus der Dose, abgetropft

500 g brauner Zucker

2 Backbleche, mit Backpapier ausgelegt

Ergibt etwa 24 Stück

Für die kandierte Ananas die abgetropften Ananasstücke mit dem Zucker in einem Topf bei kleiner bis mittlerer Hitze auf den Herd stellen. Der Zucker bildet zusammen mit dem natürlichen Ananassaft einen Sirup, während die Ananasstücke an den Rändern glasig werden. Gelegentlich umrühren und nach 30 Minuten vom Herd nehmen. Die Ananasstücke haben immer noch Biss und sind sehr aromatisch.

Die Ananas 15 Minuten abkühlen lassen. Dann aus dem Topf nehmen und große Stücke klein hacken. Sofort verwenden oder mit ein paar Esslöffeln Sirup in ein Schraubglas oder einen luftdicht verschließbaren Behälter füllen. Der Sirup kann auch separat aufbewahrt und für einen anderen Zweck verwendet werden.

Den Backofen auf 160 °C vorheizen.

Butter und Zucker (oder Ananassirup) in einer Rührschüssel cremig rühren. Die Eier hinzufügen und sorgfältig unterrühren. Zitronenschale, kandierte Ananas und Kokosraspel untermischen. Mehl und Backpulver in einer zweiten Schüssel mischen und in den Teig einarbeiten.

Gut teelöffelgroße Teigportionen auf die vorbereiteten Backbleche setzen und etwas flach drücken. Ausreichend Abstand dazwischen lassen, da der Teig beim Backen aufgeht.

Im vorgeheizten Ofen etwa 25 Minuten goldgelb backen. Aus dem Ofen nehmen und auskühlen lassen. Die Plätzchen halten sich in einem luftdicht verschließbaren Behälter bis zu 1 Woche.

Dinkelkekse mit Schokolade und Haselnüssen

Ich liebe Dinkelvollkornmehl! Besonders lecker finde ich es in dieser Kombination mit Haselnüssen und Schokolade.

80 g weiche Butter

100 g brauner Zucker oder Rohrohrzucker

1 Ei

ein paar Tropfen Vanillearoma

150 g Dinkelvollkornmehl

1 TL Backpulver

40 g Haselnusskerne, grob gehackt

50 g Zartbitterschokolade, gehackt (oder Schokoladentropfen)

30 g Milchschokolade, gehackt (oder Schokoladentropfen)

1–2 Backbleche, mit Backpapier ausgelegt

Ergibt etwa 17 Stück

Den Backofen auf 160 °C vorheizen.

Butter und Zucker in einer Rührschüssel cremig rühren. Ei und Vanillearoma hinzufügen und sorgfältig unterrühren. Mehl und Backpulver in einer zweiten Schüssel mischen und in den Teig rühren. Haselnüsse und gehackte Schokolade einarbeiten.

Gut teelöffelgroße Teigportionen auf die vorbereiteten Backbleche setzen und etwas flach drücken. Ausreichend Abstand dazwischen lassen, da der Teig beim Backen aufgeht.

Im vorgeheizten Ofen etwa 25 Minuten goldbraun backen. Aus dem Ofen nehmen und auskühlen lassen. Die Kekse halten sich in einem luftdicht verschließbaren Behälter bis zu 1 Woche.

Walnussplätzchen

Herrlich mürbe, buttrig und mit vollem Walnussaroma! Wenn Sie Zeit haben, können Sie die Walnüsse zuvor leicht rösten. Dadurch wird ihr Eigenaroma intensiviert.

100 g Walnusskerne

90 g weiche Butter

60 g brauner Zucker oder Rohrohrzucker

ein paar Tropfen Vanillearoma

125 g Weizenmehl

Puderzucker oder Vanillezucker, zum Bestäuben

1–2 Backbleche, mit Backpapier ausgelegt

Ergibt etwa 16 Stück

Den Backofen auf 130 °C vorheizen.

Falls Sie Zeit haben, die Walnüsse auf einem Backblech verteilen und 10 Minuten im vorgeheizten Ofen rösten. Dann eine Hälfte grob und die andere Hälfte fein hacken (oder in der Küchenmaschine mit der Pulsfunktion zerkleinern). Falls die Zeit knapp ist, lassen Sie das Rösten einfach weg und hacken die Nüsse wie oben angegeben.

Butter, Zucker und Vanillearoma in einer Rührschüssel cremig rühren. Die Walnüsse untermengen, dann das Mehl sorgfältig einarbeiten.

Den Teig zu einer 3 cm dicken Rolle formen und in etwa 2 cm dicke Scheiben schneiden. Die Scheiben zu Kugeln formen und mit ausreichend Abstand auf die vorbereiteten Backbleche setzen, da der Teig beim Backen aufgeht.

Im vorgeheizten Ofen etwa 30 Minuten backen. Die Plätzchen sollten in der Mitte noch etwas weich sein. Aus dem Ofen nehmen, auskühlen lassen und mit Puderzucker oder Vanillezucker bestäuben. Die Plätzchen halten sich in einem luftdicht verschließbaren Behälter bis zu 2 Wochen.

Haselnuss-Makronen

Auch diese herrlich nussigen Makronen sind milch- und glutenfrei. Sie sind außen schön knusprig, innen aber weich. Ganz nach Belieben kann man statt Reismehl auch gemahlene Mandeln verwenden, wodurch die Makronen einen Tick weicher werden.

160 g geschälte Haselnusskerne

2 Eiweiß

160 g brauner Zucker oder Rohrohrzucker

40 g Reismehl (oder gemahlene Mandeln)

ein paar Tropfen Vanillearoma

1 Backblech, mit Backpapier ausgelegt

Ergibt etwa 20 Stück

Den Backofen auf 130 °C vorheizen.

Die Haselnüsse auf ein Backblech geben und 15 Minuten im vorgeheizten Ofen rösten, bis sie eine ganz leichte Farbe haben. In der Küchenmaschine oder im Mixer fein mahlen. Dabei ein paar gröbere Stücke übrig lassen.

Eiweiß und Zucker kurz in einer Rührschüssel verquirlen, dann gemahlene Haselnüsse, Reismehl und Vanillearoma unterrühren. Mit Frischhaltefolie abdecken und mindestens 30 Minuten im Kühlschrank ruhen lassen.

Den Teig aus dem Kühlschrank nehmen und mit einem Löffel umrühren. Gut teelöffelgroße Teigportionen auf das vorbereitete Backblech setzen und etwas flach drücken. Ausreichend Abstand dazwischen lassen, da die Makronen beim Backen aufgehen.

Im vorgeheizten Ofen etwa 25 Minuten goldgelb backen. Die Makronen sollten in der Mitte noch etwas weich sein. Aus dem Ofen nehmen und auskühlen lassen. Die Makronen halten sich in einem luftdicht verschließbaren Behälter bis zu 1 Woche.

Lebkuchenmännchen

Es ist ein Riesenspaß diese Lebkuchenfiguren zusammen mit Kindern zu backen. Sie lieben es, ihrer Fantasie freien Lauf zu lassen und die Figuren mit Nüssen, Rosinen, Zuckerperlen und Schokolade zu dekorieren. Soll es etwas schlichter sein, beschränken Sie sich einfach auf weiße Schokolade.

175 g Weizenmehl

1 TL Backpulver

1½ TL Ingwerpulver

80 g kalte Butter, gewürfelt

40 g brauner Zucker oder Rohrohrzucker

50 g flüssiger Honig

1 TL Wasser

50 g weiße Schokolade, geschmolzen (oder andere Schokolade, Nüsse, Zuckerperlen und Trockenfrüchte), zum Garnieren

Lebkuchenmann-Ausstecher, Größen nach Wahl

1 Backblech, mit Backpapier ausgelegt

Ergibt etwa 4 große Figuren

Den Backofen auf 170 °C vorheizen.

Mehl, Backpulver, Ingwer, Butter, Zucker und Honig in der Küchenmaschine mit der Puls-Funktion zu einer krümeligen Masse verarbeiten. Das Wasser einarbeiten, bis ein glatter Teig entstanden ist.

Den Teig zu einer Kugel formen und auf einer leicht bemehlten Arbeitsfläche mit einer Teigrolle etwa 5 mm dick ausrollen. Lebkuchenfiguren nach Wahl ausstechen und auf das vorbereitete Backblech heben.

Im vorgeheizten Ofen 20–30 Minuten backen und auskühlen lassen.

Zum Dekorieren mit der geschmolzenen Schokolade Kleidungsumrisse und Gesichter auf die Lebkuchenfiguren spritzen. Nach Belieben zusätzlich mit Nüssen, Rosinen und Zuckerperlen verzieren. Die Lebkuchenfiguren halten sich in einem luftdicht verschließbaren Behälter bis zu 2 Wochen.

Osterei-Plätzchen

Dieses hübsche Ostergebäck besteht aus einem dunklen Schokoladenteig, der mit weißer Schokolade bestrichen und mit Trockenfrüchten und Nüssen garniert wird. Sie können die Plätzchen einfach locker mit Nüssen und Früchten bestreuen oder sich Zeit für ein kunstvolles Muster nehmen. Ein tolles Ostergeschenk ist es auf jeden Fall!

150 g Weizenmehl

1 TL Backpulver

15 g Kakaopulver

50 g brauner Zucker oder Rohrohrzucker

60 g kalte Butter, gewürfelt

50 g flüssiger Honig

1 TL Wasser

Garnierung

100 g weiße Schokolade, gehackt

30 g abgezogene Mandeln, grob gehackt

30 g Pistazienkerne, grob gehackt

30 g Pekannusskerne, gehackt (optional)

30 g getrocknete Cranberrys, gehackt

1 eiförmiger Ausstecher, 11 cm längs

1 Backblech, mit Backpapier ausgelegt

Ergibt 5 Stück

Den Backofen auf 170 °C vorheizen.

Mehl, Backpulver, Kakao, Zucker, Butter und Honig in der Küchenmaschine mit der Puls-Funktion zu einer krümeligen Masse verarbeiten. Das Wasser einarbeiten, bis ein glatter Teig entstanden ist.

Den Teig zu einer Kugel formen und auf einer leicht bemehlten Arbeitsfläche mit einer Teigrolle etwa 5 mm dick ausrollen. Die Eier ausstechen und auf das vorbereitete Backblech heben.

Im vorgeheizten Ofen 25 Minuten backen und auskühlen lassen.

Für die Garnierung eine hitzebeständige Schüssel auf einen Topf mit leicht köchelndem Wasser setzen. Die Schüssel darf keinen Kontakt mit dem Wasser haben. Die Schokolade darin langsam unter Rühren schmelzen.

Die Plätzchen mit der geschmolzenen Schokolade bestreichen, dann mit Nüssen und Cranberrys bestreuen oder nach Belieben in einem dekorativen Muster belegen.

Die Schokolade vor dem Servieren fest werden lassen. Die Plätzchen halten sich in einem luft- und lichtdicht verschließbaren Behälter bis zu 2 Wochen.

GOLDEN SYRUP

Müsliriegel

Diese köstlichen vollwertigen Müsliriegel sind im Handumdrehen zubereitet und perfekt als sättigender Snack, wenn morgens mal wieder die Zeit zum Frühstücken fehlt.

170 g brauner Zucker oder Rohrohrzucker

75 g goldener Zuckerrübensirup

130 g Butter

75 ml Apfelsaft

180 g kernige Haferflocken

200 g zarte Haferflocken

100 g Sultaninen

50 g Kürbiskerne

50 g Sonnenblumenkerne

1 Auflauf- oder Backform (20 cm x 30 cm), mit Backpapier ausgelegt

Ergibt 12 große Riegel

Den Backofen auf 180 °C vorheizen.

Zucker, Sirup, Butter und Apfelsaft in einem Topf sanft zum Kochen bringen. Den Topf vom Herd nehmen und die restlichen Zutaten sorgfältig unterrühren. Die Masse in die vorbereitete Form füllen und gleichmäßig verteilen.

Im vorgeheizten Ofen 15–20 Minuten backen, dann aus dem Ofen nehmen und auskühlen lassen.

Die gebackene Riegelmasse mithilfe des Backpapiers aus der Form heben, auf ein Schneidebrett legen und in Riegel schneiden. Die Riegel halten sich in einem luftdicht verschließbaren Behälter bis zu 1 Woche.

Florentiner

Dieses nussig-fruchtige Gebäck mit der Schokoladenseite ist ganz wunderbar zum Kaffee nach einem weihnachtlichen Menü. Wir verkaufen es auch hübsch verpackt für den Nikolausstiefel. Richtig schön rund werden sie, wenn man sie in einer Mini-Muffinform bäckt. Genauso lecker werden sie aber auch, wenn man sie von Hand formt und auf einem Backblech bäckt.

60 g Butter

60 g brauner Zucker oder Rohrohrzucker

60 g flüssiger Honig

60 g Weizenmehl

20 g Zitronat, gehackt

20 g Orangeat, gehackt

30 g getrocknete Cranberrys

70 g Sultaninen

50 g Mandelblättchen, plus ein paar mehr zum Bestreuen

30 g Walnusskerne, gehackt

30 g Pekannusskerne, gehackt

80 g Zartbitterschokolade, gehackt

1–2 Backbleche, mit Backpapier ausgelegt

Ergibt etwa 20 Stück

Den Backofen auf 150 °C vorheizen.

Butter, Zucker und Honig in einem Topf bei mittlerer Hitze sanft zum Kochen bringen. Die Masse nicht anbrennen lassen! Wenn der Siedepunkt erreicht ist, rühren, bis der Zucker vollständig aufgelöst ist. Den Topf vom Herd nehmen.

Mehl, Zitronat, Orangeat, Cranberrys, Sultaninen, Mandeln, Walnüsse und Pekannüsse hinzufügen und sorgfältig untermischen. Vor der weiteren Verarbeitung etwas abkühlen lassen.

Gut teelöffelgroße Portionen zu Kugeln formen, auf die vorbereiteten Backbleche setzen und vorsichtig flach drücken. Ausreichend Abstand dazwischen lassen, da die Florentiner beim Backen aufgehen. Jeden Florentiner mit ein paar Mandelblättchen bestreuen.

Im vorgeheizten Ofen 15 Minuten backen. Aus dem Ofen nehmen und auskühlen lassen.

Inzwischen eine hitzebeständige Schüssel auf einen Topf mit leicht köchelndem Wasser setzen. Die Schüssel darf keinen Kontakt zum Wasser haben. Die Schokolade darin unter Rühren schmelzen. Die Florentiner mit der Unterseite in die geschmolzene Schokolade tunken und mit der Schokoladenseite nach oben auf einem Kuchengitter fest werden lassen. Die Florentiner halten sich in einem luftdicht verschließbaren Behälter bis zu 2 Wochen.

Popina
Süße
Tartes

Grundteige

Diese drei Grundteige finden – einzeln oder in Kombination – in allen Rezepten dieses Kapitels Verwendung. Sie sind so einfach herzustellen, dass ich Sie gern ermutigen möchte, doch einmal mit den unterschiedlichen Obstsorten und Früchten der Saison zu experimentieren und Ihr eigenes Meisterwerk zu kreieren. Sollte Teig übrig bleiben, können Sie ihn problemlos einfrieren.

Süßer Mürbeteig

250 g Weizenmehl

125 g kalte Butter, gewürfelt

85 g brauner Zucker oder Rohrohrzucker

1 Ei

Für eine Tarte-Form, 24 cm Ø

Mehl, Butter und Zucker in der Küchenmaschine zu einer krümeligen Masse verarbeiten. Das Ei hinzufügen und einarbeiten. Den Teig aus der Maschine nehmen und zu einer Kugel formen. Alternativ können Sie den Teig auch von Hand zubereiten. Leichter geht dies mit geriebener oder sehr klein gewürfelter Butter.

Den Teig auf einer leicht bemehlten Arbeitsfläche mit einer Teigrolle 5 mm dick ausrollen.

Zur weiteren Verwendung dem ausgewählten Rezept folgen.

Schokoladenmürbeteig

225 g Weizenmehl

25 g Kakaopulver

125 g kalte Butter, gewürfelt

85 g brauner Zucker oder Rohrohrzucker

1 Ei

Für eine Tarte-Form, 24 cm Ø

Mehl, Kakao, Butter und Zucker in der Küchenmaschine zu einer krümeligen Masse verarbeiten. Das Ei hinzufügen und einarbeiten. Den Teig aus der Maschine nehmen und zu einer Kugel formen. Alternativ können Sie den Teig auch von Hand zubereiten. Leichter geht dies mit geriebener oder sehr klein gewürfelter Butter.

Den Teig auf einer leicht bemehlten Arbeitsfläche mit einer Teigrolle 5 mm dick ausrollen.

Zur weiteren Verwendung dem ausgewählten Rezept folgen.

Füllmasse

50 g weiche Butter

90 g brauner Zucker oder Rohrohrzucker

1 Ei

1½ TL Backpulver

90 g Weizenmehl

Für eine Tarte-Form, 24 cm Ø

Butter und Zucker in einer Rührschüssel mit dem elektrischen Handrührgerät verrühren.

Ei und Backpulver unterrühren, dann das Mehl mit einem Teigschaber sorgfältig unterziehen.

Zur weiteren Verwendung dem ausgewählten Rezept folgen.

Apfel-Pflaumen-Tarte

Ein absoluter Popina-Klassiker, der bei uns immer im Angebot ist! Als wir diese Tarte neu an unserem Marktstand anboten, verkauften wir jedes Wochenende Hunderte davon. Ich empfehle säuerliche Backäpfel wie Boskop oder Elstar und backfeste Pflaumen oder Zwetschgen wie Königin Victoria oder Bühler. Die Fruchtfüllung ist reichlich bemessen, wodurch der Kuchen herrlich saftig wird.

1 Portion süßer Mürbeteig (siehe Seite 40)

1 Portion Füllmasse (siehe Seite 40)

2 Backäpfel, entkernt und in 1 cm dicken Spalten

10 große Pflaumen oder Zwetschgen, entsteint und halbiert

3 EL Aprikosenkonfitüre, zum Glasieren (nach Belieben)

1 Tarte-Form mit gewelltem Rand und Hebeboden, 24 cm Ø, eingefettet

Ergibt etwa 8 Stücke

Den Backofen auf 160 °C vorheizen.

Die Tarte-Form mit dem Mürbeteig auskleiden und überstehenden Teig sauber abschneiden. Die Füllmasse hineingeben und glatt streichen. Dann Äpfel und Pflaumen gleichmäßig darauf verteilen.

Im vorgeheizten Ofen 40 Minuten backen. Die Tarte ist fertig, wenn die Früchte ein wenig eingesunken sind und die Füllmasse aufgegangen und goldgelb ist. Aus dem Ofen nehmen und einige Minuten abkühlen lassen.

Inzwischen die Aprikosenkonfitüre (falls verwendet) in einem kleinen Topf sanft unter Rühren erhitzen, bis sie dickflüssig ist. Den Kuchen sofort mithilfe eines Backpinsels mit der Konfitüre bestreichen. Der Kuchen kann lauwarm oder kalt, nach Belieben mit Schlagsahne oder Vanillesauce serviert werden.

Rhabarbercreme-Torteletts mit Streuseln

Diese leckeren Streusel-Torteletts sind mit einer köstlichen Rhabarbercreme gefüllt. Statt Streusel selbst zu machen, können Sie auch 170 g hochwertige Butterplätzchen zerbröseln. Mit Vanillesauce serviert, wird es ein ganz besonderer Schmaus. Sie können auch noch etwas mehr Rhabarberpüree herstellen, es durch ein Sieb streichen und diese tolle Sauce über die Torteletts gießen. Wenn Sie rotstieligen Rhabarber verwenden, wird sie schön pink.

1 Portion süßer Mürbeteig (siehe Seite 40)

Streusel

100 g Weizenmehl

50 g kalte Butter, gewürfelt

40 g brauner Zucker oder Rohrohrzucker

Rhabarbercreme

360 g Rhabarber, geputzt, in kleinen Stücken

130 g brauner Zucker oder Rohrohrzucker

3 Eier

ein paar Tropfen Vanillearoma

130 g Schlagsahne extra (36 % Fettgehalt)

1 Backblech, mit Backpapier ausgelegt

6 Tortelettförmchen mit gewelltem Rand und Hebeboden, 9 cm Ø, eingefettet

Ergibt 6 Stück

Den Backofen auf 180 °C vorheizen.

Für die Streusel Mehl, Butter und Zucker in der Küchenmaschine zu einer krümeligen Masse verarbeiten. Von Hand zu einer Kugel zusammenkneten und auf einer leicht bemehlten Arbeitsfläche mit einer Teigrolle etwa 5 mm dick ausrollen. Auf das vorbereitete Backblech heben und 15 Minuten im vorgeheizten Ofen goldgelb backen. Aus dem Ofen nehmen (den Ofen eingeschaltet lassen) und vollständig auskühlen lassen. Dann fein zerkrümeln und beiseitestellen.

Die Tortelettförmchen mit dem Mürbeteig auskleiden und am Rand überstehenden Teig sauber abschneiden. Im vorgeheizten Ofen 10 Minuten blind backen, bis er goldgelb ist. Den Ofen anlassen.

Für die Rhabarbercreme den Rhabarber in einer Auflaufform mit dem Zucker vermengen. Mit Alufolie abdecken und 20–25 Minuten im vorgeheizten Ofen backen, bis er weich ist. Aus dem Ofen nehmen und ein paar Minuten abkühlen lassen. Dann im Mixer pürieren oder mit einer Gabel zerdrücken.

Die Ofentemperatur auf 150 °C reduzieren.

Eier und Vanillearoma verquirlen. Die Sahne in einem Topf bei geringer Hitze unter häufigem Rühren sanft zum Kochen bringen. Vom Herd nehmen und die Eiermasse unterrühren. Dann den Rhabarber sorgfältig unterziehen.

Die Torteletts bis zum Rand mit Rhabarbercreme füllen und im vorgeheizten Ofen 15–20 Minuten backen, bis die Füllung nicht mehr wackelt, wenn man an der Form rüttelt. Aus dem Ofen nehmen und die Streusel darauf verteilen. Vor dem Servieren leicht abkühlen lassen oder noch besser gekühlt, nach Belieben mit Vanillesauce und/oder Rhabarbersauce servieren.

Mandeltorteletts mit Feige und Traube

Die beste Zeit für diese Torteletts ist der Spätsommer oder frühe Herbst, wenn Feigen Saison haben und schön sonnengereift sind. In Kombination mit schwarzen Muskatellertrauben wird es ein Genuss sondergleichen!

1 Portion süßer Mürbeteig (siehe Seite 40)

50 g weiche Butter

50 g brauner Zucker oder Rohrohrzucker

1 Ei (Größe L)

50 g gemahlene abgezogene Mandeln

50 g Weizenmehl

4 Tropfen Bittermandelaroma

6 frische Feigen, halbiert und Stiele eingekürzt

ca. 24 rote (oder schwarze Muskateller-)Trauben

6 Tortelettförmchen mit gewelltem Rand und Hebeboden, 10 cm Ø, eingefettet

Ergibt 6 Stück

Den Backofen auf 160 °C vorheizen.

Die Tortelettförmchen mit dem Mürbeteig auskleiden und überstehenden Teig sauber abschneiden. Im Kühlschrank ruhen lassen.

Inzwischen für die Füllung Butter, Zucker, Ei, gemahlene Mandeln, Mehl und Bittermandelaroma in der Küchenmaschine cremig rühren.

Die Förmchen bis zum Rand mit der Mandelcreme füllen. Je 2 Feigenhälften und etwa 4 Trauben leicht hineindrücken. Im vorgeheizten Ofen 20–25 Minuten backen, bis die Mandelcreme goldgelb ist. Aus dem Ofen nehmen und auskühlen lassen.

Sommerliche Nektarinen-Beeren-Tarte

Hier meine Lieblingstarte für den Sommer! Durch die süßen Beeren und Nektarinen schmeckt sie einfach nach Sommer pur. Ich empfehle Ihnen, die Früchte wenn möglich aus regionalem Anbau auf Ihrem Wochenmarkt zu kaufen, denn nur dann sind sie wirklich erntefrisch, reif und voller intensiver Aromen.

1 Portion süßer Mürbeteig (siehe Seite 40)

1 Portion Füllmasse (siehe Seite 40)

200 g Nektarinen, entsteint und in Spalten

1 Handvoll Blaubeeren

1 Handvoll Himbeeren

1 Handvoll Erdbeeren, geputzt und halbiert

3 EL Aprikosenkonfitüre, zum Glasieren (nach Belieben)

1 Tarte-Form mit gewelltem Rand und Hebeboden, 24 cm Ø, eingefettet

Ergibt etwa 8 Stücke

Den Backofen auf 160 °C vorheizen.

Die Tarte-Form mit dem Mürbeteig auskleiden und überstehenden Teig sauber abschneiden. Die Füllmasse hineingeben und glatt streichen. Erst die Nektarinen und dann die Beeren gleichmäßig darauf verteilen.

Im vorgeheizten Ofen 40 Minuten backen. Die Tarte ist fertig, wenn die Früchte ein wenig eingesunken sind und die Füllmasse aufgegangen und goldgelb ist. Aus dem Ofen nehmen und einige Minuten abkühlen lassen.

Inzwischen die Aprikosenkonfitüre (falls verwendet) in einem kleinen Topf sanft unter Rühren erhitzen, bis sie dickflüssig ist. Den Kuchen sofort mithilfe eines Backpinsels mit der Konfitüre bestreichen und vollständig auskühlen lassen. Mit Schlagsahne oder Crème fraîche servieren.

Ländlicher Pflaumenkuchen

Ein schöner Spätsommertag inspirierte mich zu diesem Rezept. Der Kuchen ist sehr einfach, leicht und fruchtig, und man kann ihn mit jeder Obstsorte zubereiten, die gerade Saison hat. Eine Kombination, die besonders gut funktioniert, ist Apfel und Zimt – quasi die Wintervariante der sommerlichen Pflaume.

90 g brauner Zucker oder Rohrohrzucker

1 Ei

40 ml Erdnussöl (oder anderes Pflanzenöl)

50 ml Vollmilch

140 g Weizenmehl

1 TL Backpulver

ein paar Tropfen Vanillearoma

6 große Pflaumen oder Zwetschgen, entsteint und halbiert

2 EL Aprikosenkonfitüre, zum Glasieren (nach Belieben)

1 Springform, 20 cm Ø, mit Backpapier ausgelegt

Ergibt etwa 6 Stücke

Den Backofen auf 180 °C vorheizen.

Zucker und Ei in einer Rührschüssel mit einem elektrischen Handrührgerät verrühren. Öl, Milch, Mehl, Backpulver und Vanillearoma hinzufügen und rühren, bis ein glatter Teig entstanden ist. In die vorbereitete Form füllen und glatt streichen. Die Pflaumen mit der Schnittseite nach oben in den Teig setzen.

Im vorgeheizten Ofen 30 Minuten goldbraun backen. Aus dem Ofen nehmen und einige Minuten abkühlen lassen.

Inzwischen die Aprikosenkonfitüre (falls verwendet) in einem kleinen Topf sanft unter Rühren erhitzen, bis sie dickflüssig ist. Den Kuchen sofort mithilfe eines Backpinsels mit der Konfitüre bestreichen und vollständig auskühlen lassen.

Variation: Das Vanillearoma durch ½ Teelöffel Zimt und die Pflaumen durch 1 großen Boskop-Apfel, entkernt und in Spalten geschnitten, ersetzen. Dem Rezept wie oben beschrieben folgen.

Schokoladen-Tortelетts mit Pistazien

Dieses Rezept wird in zwei Teilen zubereitet. Besonders viel Spaß macht es mir hier immer, die Füllung mit der reichhaltigen Schokoladenglasur zu überziehen. Ich empfehle Ihnen hochwertige Zartbitterschokolade mit mindestens 70 % Kakaoanteil. Unten finden Sie eine Variation mit feiner Mokkanote und cremiger weißer Glasur.

1 Portion Schokoladenmürbeteig oder süßer Mürbeteig (siehe Seite 40)

1 Handvoll Pistazienkerne, gehackt, zum Garnieren

Schokoladenfüllung

70 g brauner Zucker oder Feinstzucker

1 Ei

50 g Weizenmehl

½ TL Backpulver

2 EL Kakaopulver

10 g Butter

40 g Zartbitterschokolade, gehackt

2 EL Wasser

Schokoladenglasur

50 g Zartbitterschokolade, fein gehackt

50 g Milchschokolade, fein gehackt

150 g Schlagsahne extra

6 Tortelettförmchen mit gewelltem Rand und Hebeboden, 9 cm Ø, eingefettet

Ergibt 6 Stück

Den Backofen auf 180 °C vorheizen.

Die Tortelettförmchen mit dem Mürbeteig auskleiden und überstehenden Teig sauber abschneiden. Im Kühlschrank ruhen lassen.

Inzwischen für die Schokoladenfüllung Zucker und Ei in einer Rührschüssel mit einem elektrischen Handrührgerät hellgelb aufschlagen. Mehl, Backpulver und Kakao vorsichtig unterziehen. Eine hitzebeständige Schüssel auf einen Topf mit köchelndem Wasser setzen und Butter und Schokolade darin schmelzen, dann zur Mehlmischung geben. Das Wasser hinzufügen und gut verrühren.

Je etwa 1½ Esslöffel Schokoladenfüllung auf die Teigböden geben und 15 Minuten im vorgeheizten Ofen backen. Aus dem Ofen nehmen und 10 Minuten abkühlen lassen.

Für die Glasur die Schokolade in eine Rührschüssel geben. Die Sahne in einem Topf bei geringer Hitze unter häufigem Rühren sanft zum Kochen bringen. Über die Schokolade gießen und alles zu einer glatten Creme verrühren.

Die Torteletts mit der Schokoladenglasur überziehen, dann mit Pistazien bestreuen. Im Kühlschrank fest werden lassen. Gekühlt servieren.

Variation: Für Weiße Mokka-Torteletts folgen Sie dem Rezept wie oben beschrieben. Geben jedoch bei der Schokoladenfüllung 1 Teelöffel Instantkaffee zu den 2 EL (heißem) Wasser. Für eine weiße Mokkaglasur ½ Teelöffel Instantkaffee in 1 Esslöffel heißem Wasser auflösen und mit 120 g fein gehackter weißer Schokolade in eine Rührschüssel geben. 120 g Sahne extra sanft zum Kochen bringen, über die Schokolade gießen und alles glatt rühren.

Schokoladen-Maronen-Tarte

Eine cremige, reichhaltige Maronenfüllung zwischen mürbem Schokoladenboden und samtiger Glasur – unglaublich lecker!

1 Portion Schokoladenmürbeteig (siehe Seite 40)

Maronenfüllung

40 g weiche Butter

40 g brauner Zucker oder Rohrohrzucker

1 Ei

60 g Weizenmehl

1 TL Backpulver

30 g gegarte Maronen, gehackt

30 g Schlagsahne extra, gekühlt

2 EL kaltes Wasser

90 g gesüßtes Maronenpüree (Konserve oder Glas, Bioladen)

Schokoladenglasur

50 g Milchschokolade, fein gehackt

50 g Zartbitterschokolade, fein gehackt

200 g Schlagsahne extra

1 Tarte-Form mit gewelltem Rand und Hebeboden, 24 cm Ø, eingefettet

Ergibt etwa 8 Stücke

Den Backofen auf 180 °C vorheizen.

Die Tarte-Form mit dem Schokoladenmürbeteig auskleiden und überstehenden Teig sauber abschneiden. Im Kühlschrank ruhen lassen.

Inzwischen für die Maronenfüllung Butter und Zucker in einer Rührschüssel cremig rühren. Das Ei hinzufügen und unterrühren. Mehl, Backpulver und Maronen in einer zweiten Schüssel mischen und in die Buttermasse einarbeiten. Sahne und Wasser unterrühren.

Die Tarte-Form aus dem Kühlschrank nehmen und das Maronenpüree auf dem Teigboden verstreichen. Die Maronenfüllung daraufgeben und glatt streichen. Im vorgeheizten Ofen 20 Minuten backen, bis die Füllung aufgegangen und goldgelb ist. Aus dem Ofen nehmen und einige Minuten abkühlen lassen. Ist die Füllung höher als der Rand der Form oder zu stark gewölbt, mit einem Messer begradigen.

Für die Schokoladenglasur die Schokolade in eine Rührschüssel geben. Die Sahne in einem Topf bei geringer Hitze unter häufigem Rühren sanft zum Kochen bringen. Über die Schokolade gießen und zu einer glatten Creme verrühren. 10 Minuten abkühlen lassen, dann über die Tarte gießen. Im Kühlschrank fest werden lassen. Gekühlt servieren.

Schokoladen-Haselnuss-Tarte mit Birnen

Dieser sagenhafte Dessertkuchen überzeugt selbst den kritischsten Gast, ist aber auch perfekt für ein Picknick geeignet.

1 Portion Schokoladenmürbeteig (siehe Seite 40)

1 Portion Füllmasse (siehe Seite 40)

1 große, süße Birne, geschält, halbiert und entkernt

20 g Haselnusskerne (nach Belieben geschält), grob gehackt

2 EL Aprikosenkonfitüre (nach Belieben)

Schokoladen-Haselnuss-Creme

90 g Zartbitterschokolade, fein gehackt

90 g Milchschokolade, fein gehackt

180 g Schlagsahne

40 g Haselnusskerne, grob gehackt und in einer trockenen Pfanne leicht geröstet

1 Tarte-Form mit gewelltem Rand und Hebeboden, 24 cm Ø, eingefettet

Ergibt 8–12 Stücke

Den Backofen auf 170 °C vorheizen.

Die Tarte-Form mit dem Schokoladenmürbeteig auskleiden und überstehenden Teig sauber abschneiden. Im Kühlschrank ruhen lassen.

Inzwischen für die Schokoladen-Haselnuss-Creme die Schokolade in eine hitzebeständige Rührschüssel geben. Die Sahne in einem Topf bei geringer Hitze unter häufigem Rühren sanft zum Kochen bringen, über die Schokolade gießen und zu einer glatten Creme verrühren. Dann die Haselnüsse unterheben. Die Füllmasse sorgfältig unter die Schokoladenmasse ziehen. Den Teigboden aus dem Kühlschrank nehmen und mit der Schokoladen-Haselnuss-Creme füllen.

Die Birne in etwa 12 dünne Spalten schneiden und kreisförmig auf der Füllung anordnen. Gleichmäßig mit den Haselnüssen bestreuen. Etwa 25 Minuten im vorgeheizten Ofen backen. Der Teig ist durchgebacken, wenn ein in die Mitte der Füllung gestochener Holzspieß sauber wieder herauskommt. Den Kuchen dann aus dem Ofen nehmen. Andernfalls noch ein paar Minuten weiterbacken.

Die Aprikosenkonfitüre (falls verwendet) in einem kleinen Topf sanft unter Rühren erhitzen, bis sie dickflüssig ist. Den Kuchen direkt nach dem Backen grob mithilfe eines Backpinsels mit der Konfitüre bestreichen (die Haselnüsse aussparen) und nach ein paar Minuten kann die Tarte serviert werden.

Pekannuss-Bourbon-Torteletts

Fein nussig und mit einem Hauch von Bourbon sind diese verführerischen Torteletts ideal für die Winterzeit. Backen Sie einen Schwung davon als festliches Dessert fürs Weihnachtsessen.

1 Portion süßer Mürbeteig (siehe Seite 40)

18 Pekannusshälften, zum Dekorieren

Dattelfüllung

60 g weiche Datteln, entsteint

30 g Schlagsahne extra

1 EL Wasser

30 g Butter, zerlassen

30 g brauner Zucker oder Rohrohrzucker

1 Ei

ein paar Tropfen Vanillearoma

50 g Weizenmehl

1 TL Backpulver

Pekannuss-Bourbon-Füllung

1 EL Bourbon-Whiskey

40 g brauner Zucker oder Rohrohrzucker

50 ml goldener Zuckerrübensirup

1 Ei, verquirlt

20 g Butter, zerlassen

60 g Pekannusskerne, grob gehackt

6 Tortelettförmchen mit gewelltem Rand und Hebeboden, 9 cm Ø, eingefettet

Ergibt 6 Stück

Den Backofen auf 180 °C vorheizen.

Die Tortelettförmchen mit dem Mürbeteig auskleiden und überstehenden Teig sauber abschneiden. Im Kühlschrank ruhen lassen.

Inzwischen für die Dattelfüllung die Datteln im Mixer oder Blitzhacker zu einer Paste verarbeiten oder sehr fein hacken. Mit Sahne und Wasser verrühren.

Butter und Zucker in einer Rührschüssel verrühren. Ei, Vanillearoma, Mehl und Backpulver unterrühren. Die Dattelmasse sorgfältig unterheben.

Die Tortelettförmchen aus dem Kühlschrank nehmen und etwa 1½ Esslöffel Dattelfüllung hineingeben. Im vorgeheizten Ofen 15 Minuten backen, dann aus dem Ofen nehmen (Ofen eingeschaltet lassen).

Inzwischen für die Pekannuss-Bourbon-Füllung Whiskey, Zucker und Sirup in einer Rührschüssel sorgfältig verrühren. Das Ei hinzufügen und gut unterrühren. Anschließend zerlassene Butter und Pekannüsse einarbeiten.

Die Pekannuss-Bourbon-Füllung gleichmäßig auf die Torteletts verteilen. Mit je 3 Pekannusshälften garnieren und nochmals 10 Minuten backen. Aus dem Ofen nehmen und auskühlen lassen.

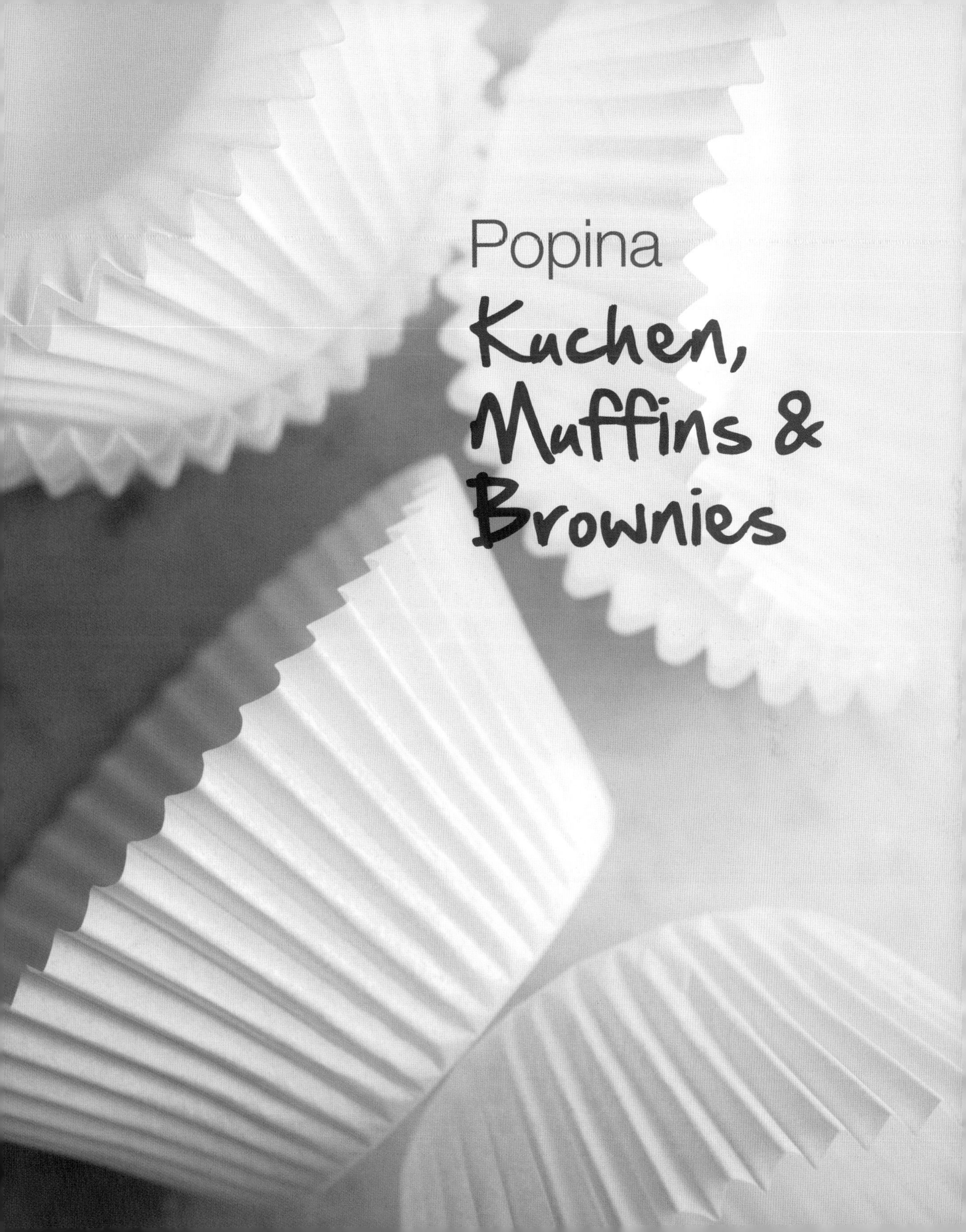

Popina

Kuchen, Muffins & Brownies

Schokoladenkuchen de luxe

Dieser cremige, glutenfreie Kuchen ist verlockend reichhaltig und wurde speziell für echte Schokoladenfans kreiert. Verwenden Sie hochwertige Schokolade mit mindestens 70% Kakaoanteil.

275 g Zartbitterschokolade, gehackt

100 g weiche Butter

2 Eier

130 g brauner Zucker oder Rohrohrzucker

50 g Reismehl

1½ TL Backpulver

60 ml Vollmilch

Schokoladencreme

140 g weiche Butter

170 g Puderzucker

290 g Frischkäse

1 EL Kakaopulver

1 Springform, 20 cm Ø, mit Backpapier ausgelegt

Ergibt 10–12 Stücke

Den Backofen auf 160 °C vorheizen.

Eine hitzebeständige Schüssel auf einen Topf mit leicht köchelndem Wasser setzen. Die Schüssel darf keinen Kontakt zum Wasser haben. Schokolade und Butter darin unter Rühren schmelzen. Vor der weiteren Verarbeitung etwas abkühlen lassen.

Eier und Zucker in einer Rührschüssel schaumig schlagen. Reismehl und Backpulver einrühren. Dann die geschmolzene Schokolade und zuletzt die Milch unterziehen. Den Teig in die vorbereitete Form füllen und im vorgeheizten Ofen 40 Minuten backen. Der Teig ist durchgebacken, wenn ein in die Mitte gestochener Holzspieß sauber wieder herauskommt. Den Kuchen dann aus dem Ofen nehmen. Andernfalls noch ein paar Minuten weiterbacken. Den Kuchen in der Form auskühlen lassen, dann herauslösen.

Für die Schokoladencreme Butter, Zucker, Frischkäse und Kakaopulver in der Küchenmaschine oder von Hand glatt und cremig rühren. Mit einem Palettmesser auf dem Kuchen verstreichen.

Rüblitorte à la Popina

Dieser außerordentlich leichte und saftige gluten- und milchfreie Karottenkuchen ist eine liebevolle Kreation des Popina-Geschäftspartners Matt Gruninger.

5 Eier, getrennt

fein abgeriebene Schale und frisch gepresster Saft von 2 unbehandelten Zitronen

25 ml Kirschwasser (nach Belieben)

250 g brauner Zucker oder Rohrohrzucker

250 g Karotten, gerieben

250 g gemahlene Haselnüsse

2 TL Backpulver

60 g Speisestärke

Zitronenguss

300 g Puderzucker

frisch gepresster Saft von 3 unbehandelten Zitronen (plus etwas Zitronenschale, zum Garnieren)

1 Springform, 24 cm Ø, mit Backpapier ausgelegt

Ergibt etwa 12 Stücke

Den Backofen auf 180 °C vorheizen.

Eigelb, Zitronenschale und -saft, Kirschwasser (falls verwendet), Zucker, Karotten, Haselnüsse und Backpulver in einer Rührschüssel zu einem Teig verarbeiten. Die Speisestärke darübersieben und sorgfältig unterheben.

Das Eiweiß in einer zweiten, fettfreien Schüssel steif schlagen und sehr vorsichtig unter den Teig heben. Den Teig in die vorbereitete Form füllen und im vorgeheizten Ofen 45 Minuten backen. Der Teig ist durchgebacken, wenn er bei leichtem Fingerdruck wieder zurückfedert und ein in die Mitte gestochener Holzspieß sauber wieder herauskommt. Andernfalls noch ein paar Minuten weiterbacken. Den Kuchen in der Form auskühlen lassen.

Für den Zitronenguss Puderzucker und Zitronensaft glatt rühren. Die Masse sollte zähflüssig sein. Den erkalteten Kuchen aus der Form lösen und mit dem Zitronenguss überziehen. Den Guss an den Seiten herunterlaufen lassen. Mit Zitronenschale garnieren.

Noch aromatischer schmeckt der Kuchen, wenn Sie ihn ein paar Tage durchziehen lassen.

Zitronenkuchen mit weißer Schokoladencreme

Was diesen Kuchen so unwiderstehlich macht, ist die Kombination aus zitronig frischem Teig und süßem, cremigem Schokoladenüberzug.

60 g weiche Butter

130 g brauner Zucker oder Rohrohrzucker

2 Eier

130 g Weizenmehl

1½ TL Backpulver

fein abgeriebene Schale und frisch gepresster Saft von 2 unbehandelten Zitronen

Weiße Schokoladencreme

150 g weiße Schokolade, gehackt, plus etwas mehr, in Spänen, zum Garnieren

75 g Schlagsahne extra

1 Backform (17 cm x 9 cm), mit Backpapier ausgelegt

Ergibt etwa 6 Stücke

Den Backofen auf 170 °C vorheizen.

Butter und Zucker in einer Rührschüssel mit dem elektrischen Handrührgerät cremig rühren. Die Eier hinzufügen und einige Minuten schaumig und hell aufschlagen. Mehl und Backpulver unterziehen. Zitronenschale und -saft sorgfältig unterrühren.

Den Teig in die vorbereitete Form füllen und im vorgeheizten Ofen 25 Minuten goldbraun backen. Der Kuchen ist durchgebacken, wenn der Teig bei leichtem Fingerdruck wieder zurückfedert. Aus dem Ofen nehmen und auskühlen lassen.

Für die Schokoladencreme die Schokolade in eine hitzebeständige Rührschüssel geben. Die Crème double in einem Topf bei geringer Hitze unter häufigem Rühren sanft zum Kochen bringen. Über die Schokolade gießen und zu einer glatten Creme rühren. Einige Minuten abkühlen lassen, dann 15 Minuten in den Kühlschrank stellen, bis die Creme streichfähig ist.

Den Kuchen mit der Creme überziehen und mit Schokoladenspänen garnieren.

Walnusskuchen mit Sherryfrüchten

Wir bieten diesen Kuchen als Alternative zum traditionellen englischen Weihnachtskuchen an. Walnüsse, in Sherry eingelegte Rosinen und Cranberrys machen sein köstliches Aroma aus.

60 g weiche Butter

50 g brauner Zucker oder Rohrzucker

1 EL Zuckerrübensirup oder schwarze Zuckerrohrmelasse

2 Eier (Größe S), verquirlt

60 g Weizenmehl

1½ TL Backpulver

½ TL Zimt

fein abgeriebene Schale von 1 unbehandelten Orange

50 g Cranberrys (frisch oder TK-Ware)

20 g Walnusskerne, gehackt

Sherryfrüchte

100 g Rosinen

130 g Sultaninen

30 g Zitronat

30 g Orangeat

3 EL Sherry (möglichst trockener)

40 ml Apfelsaft

Belag

100 g Aprikosenkonfitüre

100 g Cranberrys (frisch oder TK-Ware)

80 g Walnusshälften

1 Springform, 20 cm Ø

Ergibt 10–12 Stücke

Für die Sherryfrüchte Rosinen, Sultaninen, Zitronat, Orangeat, Sherry und Apfelsaft in einer Schüssel mischen und abgedeckt mindestens 24 Stunden ziehen lassen.

Den Backofen auf 180 °C vorheizen.

Butter, Zucker und Sirup in einer Rührschüssel cremig schlagen. Die Eier unterrühren. Mehl, Backpulver, Zimt, Orangenschale, Cranberrys und Walnüsse unterziehen. Etwa 200 g Sherryfrüchte (abgetropft) unterheben. Die restlichen Sherryfrüchte für den Belag beiseitestellen. Den Teig in die vorbereitete Form füllen und im vorgeheizten Ofen 30 Minuten goldbraun backen. Der Teig sollte bei Fingerdruck zurückfedern. Aus dem Ofen nehmen und in der Form auskühlen lassen.

Für den Belag die Aprikosenkonfitüre in einem Topf bei geringer Hitze unter häufigem Rühren sanft zum Kochen bringen. Die Cranberrys hineingeben und ein paar Minuten köcheln lassen, bis sie zusammenfallen. Den Topf vom Herd nehmen. Walnüsse und restliche Sherryfrüchte sorgfältig untermischen. Die Mischung auf dem Kuchen verteilen, sodass er vollständig bedeckt ist, und leicht andrücken. Vor dem Servieren einige Stunden durchziehen lassen.

Christstollen

Etwas aufwendiger ist dieses traditionelle Weihnachtsgebäck zwar schon, doch das himmlische Aroma von Rumfrüchten und Marzipan lässt dies schnell vergessen.

250 g Marzipanrohmasse

1 Ei, verquirlt

100 g Butter, zerlassen

150 g Puderzucker

Rumfrüchte

250 g Sultaninen

80 g Zitronat

80 g Orangeat

80 ml brauner Rum

fein abgeriebene Schale von 1 unbehandelten Zitrone

Teig

1½ Päckchen (3 TL) Trockenbackhefe

70 g brauner Zucker oder Rohrohrzucker

140 ml Vollmilch, lauwarm

1 Eigelb (Größe L)

175 g weiche Butter

500 g Weizenmehl Type 550

1 Backblech, mit Backpapier ausgelegt

Ergibt 2 Stollen

Für die Rumfrüchte Sultaninen, Zitronat, Orangeat und Rum in einer Schüssel mischen und abgedeckt mindestens 24 Stunden ziehen lassen.

Für den Teig die Hefe mit dem Zucker in die lauwarme Milch rühren und 5 Minuten quellen lassen.

Eigelb, Butter und Mehl in eine Rührschüssel geben. Den Hefeansatz hinzufügen und alles zu einem glatten Teig verarbeiten. Den Teig auf eine leicht bemehlte Arbeitsfläche geben und 5 Minuten durchkneten. Er sollte weich und elastisch sein. Falls er noch klebt, etwas Mehl einarbeiten. Den Teig zurück in die Rührschüssel geben, mit Mehl bestäuben und abgedeckt 1 Stunde an einem warmen Ort gehen lassen, bis er deutlich aufgegangen ist.

Die Rumfrüchte abtropfen lassen. Die Zitronenschale untermischen und die Früchte sorgfältig und gleichmäßig unter den Hefeteig kneten. Den Teig halbieren, abdecken und weitere 40 Minuten an einem warmen Ort gehen lassen.

Eine Teighälfte mit einer Teigrolle zu einem ungefähr 5 mm dicken Quadrat ausrollen. Die Hälfte des Marzipans zu einer Rolle formen, die etwas kürzer ist als das Teigquadrat. Auf eine Kante legen und den Teig um das Marzipan aufrollen. Die beiden Seiten beim Aufrollen einschlagen. Mit der zweiten Teighälfte und dem restlichen Marzipan ebenso verfahren. Die Stollen mit dem verquirlten Ei bestreichen. Abdecken und weitere 30 Minuten an einem warmen Ort gehen lassen.

Den Backofen auf 200 °C vorheizen.

Die Stollen auf das vorbereitete Backblech setzen und 10 Minuten im vorgeheizten Ofen backen. Dann die Hitze auf 190 °C reduzieren und weitere 20 Minuten backen. Die Stollen aus dem Ofen nehmen und sofort großzügig mit der zerlassenen Butter bestreichen. Mit Puderzucker bestäuben und auskühlen lassen.

Schokoladen-Nuss-Rolle

Das ist meine Version des traditionellen Nussstriezels mit einem reichhaltigen, buttrigen Schokoladen-Hefeteig aus kräftigem Weizenmehl. Kleiner Tipp: Rösten Sie die Haselnüsse leicht an, um das Nussaroma zu intensivieren.

Teig

¾ Päckchen (1½ TL) Trockenbackhefe

75 ml lauwarme Vollmilch

40 ml warmes Wasser

60 g weiche Butter

1 Eigelb

70 g brauner Zucker oder Rohrohrzucker

ein paar Tropfen Vanillearoma

2 TL Kakaopulver

240 g Weizenmehl Type 550

Haselnussfüllung

120 g geschälte Haselnusskerne, in einer trockenen Pfanne leicht geröstet

50 g abgezogene Mandeln

130 g Puderzucker, plus etwas mehr zum Bestäuben

50 ml Wasser

2 Tropfen Vanillearoma

1 Backblech, mit Backpapier ausgelegt

Ergibt etwa 10 Scheiben

Für den Teig die Hefe in einer Schale mit Milch und Wasser anrühren und 5 Minuten quellen lassen.

Butter, Eigelb, Zucker, Vanillearoma und Kakao in einer Rührschüssel cremig rühren. Mehl und Hefeansatz hinzufügen und alles von Hand zu einem glatten Teig verarbeiten. Den Teig auf eine gut bemehlte Arbeitsfläche geben und einige Minuten durchkneten. Er sollte weich und elastisch sein. Falls er noch klebt, etwas Mehl einarbeiten. Den Teig zurück in die Rührschüssel geben und abgedeckt 1½ Stunden an einem warmen Ort gehen lassen, bis er deutlich aufgegangen ist.

Inzwischen für die Haselnussfüllung alle Zutaten im Mixer oder in der Küchenmaschine zu einer lockeren Paste verarbeiten.

Den aufgegangenen Teig auf einer gut bemehlten Arbeitsfläche nochmals einige Minuten durchkneten. Mit einer Teigrolle zu einem 35 cm x 30 cm großen und 5 mm dicken Rechteck ausrollen. (Das spätere Aufrollen geht leichter, wenn der Teig direkt auf dem Backpapier ausgerollt wird.)

Die Haselnussfüllung mit einem Palettmesser auf dem Teig verstreichen und dabei an den beiden Kurzseiten und der hinteren Kante einen Rand von 2 cm lassen. Den Teig von der vorderen Kante her aufrollen. Nicht drücken oder zu fest aufrollen, da er beim Backen noch Platz zum Aufgehen benötigt. Die beiden Seiten zusammendrücken und nach unten schlagen. Mit der Naht nach unten auf das vorbereitete Backblech heben und weitere 60 Minuten gehen lassen.

Den Backofen auf 200 °C vorheizen.

Die Rolle 10 Minuten im vorgeheizten Ofen backen, dann die Hitze auf 180 °C reduzieren und weitere 15–20 Minuten backen. Der Teig sollte bei leichtem Fingerdruck zurückfedern. Auskühlen lassen und dann mit Puderzucker bestäuben.

Mohnstriezel

Diesem Klassiker begegnet man überall in Mittel- und Osteuropa in verschiedenen Varianten. Besonders lecker schmeckt ein Glas kalte Milch dazu.

Teig

¾ Päckchen (1½ TL) Trockenbackhefe

60 ml Vollmilch, lauwarm

3 EL warmes Wasser

215 g Weizenmehl Type 550

75 g weiche Butter

1 Eigelb

45 g brauner Zucker oder Rohrohrzucker

Mohnfüllung

100 g Mohnsamen

100 g Puderzucker

3 EL Wasser

1 Backblech, mit Backpapier ausgelegt

Ergibt etwa 8–10 Scheiben

Für den Teig die Hefe in einer Schale mit Milch und Wasser anrühren und 5 Minuten quellen lassen.

Mehl, Butter, Eigelb und Zucker in einer Rührschüssel verrühren. Den Hefeansatz hinzufügen und alles von Hand zu einem glatten Teig verarbeiten. Den Teig auf eine gut bemehlte Arbeitsfläche geben und einige Minuten durchkneten. Er sollte weich und elastisch sein. Falls er noch klebt, etwas Mehl einarbeiten. Den Teig zurück in die Rührschüssel geben und abgedeckt 1 Stunde an einem warmen Ort gehen lassen, bis er deutlich aufgegangen ist.

Den aufgegangenen Teig auf einer bemehlten Arbeitsfläche nochmals 5 Minuten durchkneten und gehen lassen, solange die Füllung zubereitet wird.

Für die Mohnfüllung alle Zutaten in der Küchenmaschine zu einer lockeren Paste verarbeiten.

Den Teig wieder auf die bemehlte Arbeitsfläche geben und mit einer Teigrolle zu einem 5 mm dicken Quadrat mit 25 cm Seitenlänge ausrollen. (Das spätere Aufrollen geht leichter, wenn der Teig direkt auf dem Backpapier ausgerollt wird.)

Die Mohnfüllung mit einem Palettmesser auf dem Teig verstreichen und dabei an den beiden Seiten und der hinteren Kante einen Rand von 2 cm lassen. Den Teig von der vorderen Kante her aufrollen. Nicht drücken oder zu fest aufrollen, da er beim Backen noch Platz zum Aufgehen benötigt. Die beiden Seiten zusammendrücken und nach unten schlagen. Mit der Naht nach unten auf das vorbereitete Backblech heben und weitere 45 Minuten gehen lassen.

Den Backofen auf 180 °C vorheizen.

Den Striezel im vorgeheizten Ofen 25–30 Minuten goldbraun backen. Er sollte bei leichtem Fingerdruck zurückfedern.

Filoteigstrudel mit Kürbis und Zimt

Hier ist das perfekte Rezept für den Herbstbeginn: ein himmlisch blättriger Filoteigstrudel mit cremig-süßer Kürbisfüllung und feiner Zimtnote. Ich bereite ihn immer mit großen Filoteig- oder Yufkablättern zu, die man in türkischen Supermärkten oder in gut sortierten Supermärkten findet. Wenn Sie keine so großen Blätter finden können, legen Sie kleinere einfach überlappend aus, bis die richtige Größe erreicht ist. Bedenken Sie aber, dass Sie eventuell mehr Teig benötigen.

200 g Kürbis

½ TL Zimt

50 g brauner Zucker oder Rohrohrzucker

20 ml Pflanzenöl

3 große Blätter dicker Filoteig oder Yufkateig (47 cm x 32 cm)

Puderzucker, zum Bestäuben

1 Backblech, eingefettet

Ergibt 6 Stücke

Den Backofen auf 170 °C vorheizen.

Den Kürbis schälen und entkernen. Das Fruchtfleisch reiben und so gut wie möglich ausdrücken. Mit Zimt und Zucker in einer Schüssel vermengen.

Ein Blatt Filoteig auf das vorbereitete Backblech legen und dünn mit Öl bestreichen. Das zweite und dritte Blatt, ebenfalls dünn mit Öl bestrichen, darauflegen.

Die Kürbisfüllung entlang der vorderen Längsseite etwa 5 cm breit auf dem Teigblatt verteilen. Dabei auf beiden Seiten einen 2 cm breiten Rand lassen. Die vordere Kante etwa 2 cm über die Füllung schlagen. Dann den Filoteig aufrollen und die Seiten dabei einschlagen. Durch das Einschlagen der Seiten wird verhindert, dass beim Backen zu viel Saft ausläuft.

Den Strudel dünn mit Öl bestreichen und im vorgeheizten Ofen 25 Minuten goldgelb backen. Aus dem Ofen nehmen und 5 Minuten abkühlen lassen. Großzügig mit Puderzucker bestäuben und warm servieren.

Sommerliche Früchte-Muffins mit weißer Schokolade

Diese besonders saftigen Muffins locken mit süßen Früchten und weißer Schokolade. Ein idealer Snack für die Kaffeepause.

2 Eier

80 g brauner Zucker oder Rohrohrzucker

50 ml Erdnuss- oder Sonnenblumenöl

ein paar Tropfen Vanillearoma

150 g Weizenmehl

1½ TL Backpulver

1 große Nektarine, entsteint und in Spalten

70 g Erdbeeren, geputzt und geviertelt

70 g weiße Schokolade, gehackt

Belag

30 g Nektarine, entsteint und in Stücken

60 g Himbeeren

30 g Erdbeeren, geputzt und geviertelt

brauner Zucker, zum Bestreuen

1 Muffin-Form mit 6 Vertiefungen, mit Papierkapseln ausgelegt

Ergibt 6 Stück

Den Backofen auf 180 °C vorheizen.

Eier, Zucker, Öl und Vanillearoma in einer Rührschüssel verquirlen. Mehl und Backpulver in einer zweiten Schüssel mischen und unter die Eiermasse ziehen. Nektarinen, Erdbeeren und weiße Schokolade unterheben.

Die Papierkapseln zu zwei Dritteln mit Teig füllen. Mit den Früchten belegen und mit Zucker bestreuen. Im vorgeheizten Ofen etwa 25 Minuten backen. Die Ofentür keinesfalls zu früh öffnen, da die Muffins zusammenfallen könnten. Sie sind fertig, wenn sie gut aufgegangen sind und bei leichtem Fingerdruck zurückfedern.

Muffins schmecken frisch gebacken und warm einfach am besten. Übrig gebliebene Muffins lassen sich blitzschnell in der Mikrowelle aufwärmen. Die Muffins halten sich in einem luftdicht verschließbaren Behälter 2 bis 3 Tage.

Dinkelmuffins mit Karotte, Apfel und Kürbiskernen

Ich liebe diese Dinkelvollkornmuffins! Sie sind leicht, nussig und vollwertig – mit einem Hauch von Zimt und Apfel.

2 Eier

80 g brauner Zucker oder Rohrohrzucker

50 ml Erdnuss- oder Sonnenblumenöl

150 g Dinkelvollkornmehl

1½ TL Backpulver

1 TL Zimt

1 kleine Karotte, gerieben

1 kleiner Apfel, geschält, entkernt und klein gewürfelt

20 g Kürbiskerne

Garnierung

30 g Kürbiskerne

brauner Zucker, zum Bestreuen

1 Muffin-Form mit 6 Vertiefungen, mit Papierkapseln ausgelegt

Ergibt 6 Stück

Den Backofen auf 180 °C vorheizen.

Eier, Zucker und Öl in einer Rührschüssel verquirlen. Mehl, Backpulver und Zimt in einer zweiten Schüssel mischen und unter die Eiermasse ziehen. Karotte, Apfel und Kürbiskerne unterheben.

Die Papierkapseln zu etwa zwei Dritteln mit Teig füllen. Mit Kürbiskernen und braunem Zucker bestreuen. Im vorgeheizten Ofen etwa 25 Minuten backen. Die Ofentür keinesfalls zu früh öffnen, da die Muffins zusammenfallen könnten. Sie sind fertig, wenn sie gut aufgegangen sind und bei leichtem Fingerdruck zurückfedern.

Muffins schmecken frisch gebacken und warm einfach am besten. Übrig gebliebene Muffins lassen sich blitzschnell in der Mikrowelle aufwärmen. Die Muffins halten sich in einem luftdicht verschließbaren Behälter 2 bis 3 Tage.

Cranberry-Orangen-Muffins mit Pistazien

Diese köstlich duftenden Muffins geben einem kalten Wintertag Gemütlichkeit. Die leicht säuerlichen Cranberrys sorgen für die perfekte Abrundung des Geschmacks.

2 Eier

80 g brauner Zucker oder Rohrohrzucker

50 ml Erdnuss- oder Sonnenblumenöl

fein abgeriebene Schale und frisch gepresster Saft von 1 unbehandelten Orange

150 g Weizenmehl

2½ TL Backpulver

100 g Cranberrys (frisch oder TK-Ware)

Belag

50 g Cranberrys (frisch oder TK-Ware)

1 Handvoll Pistazienkerne, gehackt

brauner Zucker, zum Bestreuen

1 Muffin-Form mit 6 Vertiefungen, mit Papierkapseln ausgelegt

Ergibt 6 Stück

Den Backofen auf 180 °C vorheizen.

Eier, Zucker, Öl, Orangenschale und -saft in einer Rührschüssel verquirlen. Mehl und Backpulver in einer zweiten Schüssel mischen und unter die Eiermasse ziehen. Die Cranberrys unterheben.

Die Papierkapseln zu etwa zwei Dritteln mit Teig füllen. Mit Cranberrys und Pistazien belegen und mit Zucker bestreuen. Im vorgeheizten Ofen etwa 25 Minuten backen. Die Ofentür keinesfalls zu früh öffnen, da die Muffins zusammenfallen könnten. Sie sind fertig, wenn sie gut aufgegangen sind und bei leichtem Fingerdruck zurückfedern.

Muffins schmecken frisch gebacken und warm einfach am besten. Übrig gebliebene Muffins lassen sich blitzschnell in der Mikrowelle aufwärmen. Die Muffins halten sich in einem luftdicht verschließbaren Behälter 2 bis 3 Tage.

Schokoladentrüffel-Brownies

Diese cremig-weichen Brownies sind unser Meisterstück und wurden sogar mit einer Goldmedaille ausgezeichnet. Sie werden mit bester Schokolade zubereitet und haben eine trüffelartige Konsistenz. Unwiderstehlich!

240 g Zartbitterschokolade (mind. 70 % Kakaoanteil)

100 g Butter

3 Eier

135 g brauner Zucker oder Rohrohrzucker

55 g Weizenmehl

Kakaopulver, zum Bestäuben

1 quadratische Backform (18 cm Seitenlänge, 3 cm tief), mit Backpapier ausgelegt

Ergibt etwa 9 Stücke

Den Backofen auf 150 °C vorheizen.

Eine hitzebeständige Schüssel auf einen Topf mit leicht köchelndem Wasser setzen. Die Schüssel darf keinen Kontakt zum Wasser haben. Schokolade und Butter darin unter Rühren schmelzen. Abkühlen lassen.

Eier und Zucker in einer Schüssel schaumig rühren. Das Mehl darübersieben und unter die Eiermasse ziehen. Die geschmolzene Schokolade sorgfältig unterheben.

Den Teig in die vorbereitete Form füllen und im vorgeheizten Ofen 25 Minuten backen, bis er leicht aufgegangen ist.

Den Kuchen aus dem Ofen nehmen und vollständig erkalten lassen. Dann mit Kakaopulver bestäuben, in 9 Stücke schneiden und servieren.

GDV

Schokoladentrüffel-Brownies mit Kirschen

Für ein paar Umdrehungen mehr können Sie die Kirschen für diese umwerfenden Brownies über Nacht in Rum oder Whisky einlegen.

240 g Zartbitterschokolade (mind. 70 % Kakaoanteil)

100 g Butter

3 Eier

135 g brauner Zucker oder Rohrohrzucker

55 g Weizenmehl

30 g getrocknete Sauerkirschen

Kakaopulver, zum Bestäuben

1 quadratische Backform (18 cm Seitenlänge, 3 cm tief), mit Backpapier ausgelegt

Den Backofen auf 150 °C vorheizen.

Eine hitzebeständige Schüssel auf einen Topf mit leicht köchelndem Wasser setzen. Die Schüssel darf keinen Kontakt zum Wasser haben. Schokolade und Butter darin unter Rühren schmelzen. Abkühlen lassen.

Eier und Zucker in einer Schüssel schaumig rühren. Das Mehl darübersieben und unterziehen. Dann die geschmolzene Schokolade sorgfältig einarbeiten. Die Kirschen unterheben. Den Teig in die vorbereitete Form füllen und im vorgeheizten Ofen 25 Minuten backen, bis er leicht aufgegangen ist.

Den Kuchen vollständig erkalten lassen, dann mit Kakao bestäuben. In 9 Stücke schneiden und servieren.

Ergibt etwa 9 Stücke

Orangen-Schokoladen-Brownies

Wer die klassische Kombination von Orange und Schokolade liebt, der mag auch diese herrlichen Brownies mit Orangeat und Orangenöl.

240 g Zartbitterschokolade (mind. 70 % Kakaoanteil)

100 g Butter

3 Eier

135 g brauner Zucker oder Rohrohrzucker

55 g Weizenmehl

20 g Orangeat, gewürfelt

3 Tropfen reines Orangenöl

Kakaopulver, zum Bestäuben

1 quadratische Backform (18 cm Seitenlänge, 3 cm tief), mit Backpapier ausgelegt

Den Backofen auf 150 °C vorheizen.

Eine hitzebeständige Schüssel auf einen Topf mit leicht köchelndem Wasser setzen. Die Schüssel darf keinen Kontakt zum Wasser haben. Schokolade und Butter darin unter Rühren schmelzen. Abkühlen lassen.

Eier und Zucker in einer Schüssel schaumig rühren. Das Mehl darübersieben und unterziehen. Dann die geschmolzene Schokolade sorgfältig einarbeiten. Orangeat und Orangenöl unterheben. Den Teig in die vorbereitete Form füllen und im vorgeheizten Ofen 25 Minuten backen, bis er leicht aufgegangen ist.

Den Kuchen vollständig erkalten lassen, dann mit Kakao bestäuben. In 9 Stücke schneiden und servieren.

Ergibt etwa 9 Stücke

Kaffeetrüffel-Brownies mit weißer Schokolade

Zu diesem Rezept gibt es eine kleine Anekdote: Gute Freunde erzählten mir auf ihrer Hochzeit, dass sie sich gegenseitig diese Brownies geschenkt hätten, als sie sich kennengelernt und schließlich ineinander verliebt hätten. Ich bin davon überzeugt, dass die Brownies nicht ganz unschuldig sind …

240 g Zartbitterschokolade (mind. 70 % Kakaoanteil)

100 g Butter

2 TL Instantkaffee

3 EL heißes Wasser

3 Eier

135 g brauner Zucker oder Rohrohrzucker

55 g Weizenmehl

70 g weiße Schokolade, gehackt (oder Schokoladentropfen)

Kakaopulver, zum Bestäuben

1 quadratische Backform (18 cm Seitenlänge, 3 cm tief), mit Backpapier ausgelegt

Ergibt etwa 9 Stücke

Den Backofen auf 150 °C vorheizen.

Eine hitzebeständige Schüssel auf einen Topf mit leicht köchelndem Wasser setzen. Die Schüssel darf keinen Kontakt zum Wasser haben. Schokolade und Butter darin unter Rühren schmelzen. Abkühlen lassen.

Den Instantkaffee in einer Tasse mit dem heißen Wasser übergießen und unter Rühren auflösen.

Eier und Zucker in einer Schüssel schaumig rühren. Den Kaffee unterrühren. Das Mehl darübersieben und unterziehen. Anschließend die geschmolzene Schokolade sorgfältig einarbeiten. Die weiße Schokolade unterheben.

Den Teig in die vorbereitete Form füllen und im vorgeheizten Ofen etwa 25 Minuten backen, bis er leicht aufgegangen ist.

Den Kuchen vollständig erkalten lassen, dann mit Kakao bestäuben. In 9 Stücke schneiden und servieren.

WONDER SHREDDER
PAT NO.

Popina

Pikant & würzig: Knabbergebäck

Gouda-Haselnuss-Taler

Diese herzhaften Taler sind ein idealer Begleiter zum Aperitif.

140 g Weizenmehl

70 g kalte Butter, gewürfelt

70 g Gouda, gerieben

1 TL Salz

½ TL Natron

35 g Haselnusskerne, grob gehackt

2–3 EL Wasser

1–2 Backbleche, mit Backpapier ausgelegt

Ergibt 30–40 Stück

Den Backofen auf 150 °C vorheizen.

Mehl, Butter, Käse, Salz, Natron und Haselnüsse in der Küchenmaschine mit der Puls-Funktion zu einer krümeligen Masse verarbeiten. Das Wasser hinzugießen und weiter mit der Puls-Funktion zu einem Teig verarbeiten.

Den Teig auf einer leicht bemehlten Arbeitsfläche zu einer 3 cm dicken Rolle formen, in Frischhaltefolie einwickeln und etwa 1 Stunde im Kühlschrank ruhen lassen.

Den Teig aus dem Kühlschrank nehmen und die Frischhaltefolie entfernen. In etwa 1 cm dicke Scheiben schneiden und mit ausreichend Abstand auf den vorbereiteten Backblechen verteilen, da der Teig beim Backen etwas auseinanderläuft.

Im vorgeheizten Ofen etwa 20 Minuten goldgelb backen. Aus dem Ofen nehmen und auskühlen lassen. Die Taler halten sich in einem luftdicht verschließbaren Behälter bis zu 2 Wochen.

Käse-Sellerie-Taler

Blauschimmelkäse und Sellerie sind ein tolles Gespann. Am besten schmeckt hier ein kräftiger Roquefort.

140 g Weizenmehl

60 g kalte Butter, gewürfelt

85 g Roquefort

½ TL Salz

½ TL Natron

1 TL Selleriesalz

2 TL Wasser

1–2 Backbleche, mit Backpapier ausgelegt

Ergibt 30–40 Stück

Den Backofen auf 150 °C vorheizen.

Mehl, Butter, Käse, Salz, Natron und Selleriesalz in der Küchenmaschine mit der Puls-Funktion zu einer krümeligen Masse verarbeiten. Das Wasser hinzugießen und weiter mit der Puls-Funktion zu einem Teig verarbeiten.

Den Teig auf einer leicht bemehlten Arbeitsfläche zu einer 3 cm dicken Rolle formen, in Frischhaltefolie einwickeln und etwa 1 Stunde im Kühlschrank ruhen lassen.

Den Teig aus dem Kühlschrank nehmen und die Frischhaltefolie entfernen. In etwa 1 cm dicke Scheiben schneiden und mit ausreichend Abstand auf den vorbereiteten Backblechen verteilen, da der Teig beim Backen etwas auseinanderläuft.

Im vorgeheizten Ofen etwa 20 Minuten goldgelb backen. Aus dem Ofen nehmen und auskühlen lassen. Die Taler halten sich in einem luftdicht verschließbaren Behälter bis zu 2 Wochen.

Apfel-Käse-Stangen

Durch den Apfel erhalten diese Stangen ein herrlich süßsaures Aroma.

220 g Weizenmehl

80 g kalte Butter, gewürfelt

90 g alter Gouda, fein gerieben

1½ TL Salz

40 g Apfel (Boskop oder Granny Smith), geschält, entkernt und gerieben

1–2 Backbleche, mit Backpapier ausgelegt

Ergibt etwa 20 Stück

Den Backofen auf 170 °C vorheizen.

Mehl, Butter, Käse und Salz in der Küchenmaschine mit der Puls-Funktion zu einer krümeligen Masse verarbeiten. Den Apfel untermischen und alles von Hand zu einem Teig kneten. Wenn die Zutaten nicht binden, noch etwas mehr Wasser einarbeiten.

Den Teig auf einer leicht bemehlten Arbeitsfläche zu einer 4 cm dicken Rolle formen, in Frischhaltefolie einwickeln und etwa 10 Minuten im Kühlschrank ruhen lassen.

Aus dem Kühlschrank nehmen und die Frischhaltefolie entfernen. Den Teig auf der Arbeitsfläche mit einer Teigrolle etwa 6 mm dick ausrollen, dann mit einem scharfen Messer in 1 cm breite Streifen schneiden. Die Enden der Streifen gegeneinander aufdrehen. Die Stangen mit etwas Abstand auf die vorbereiteten Backbleche legen.

Im vorgeheizten Ofen etwa 20 Minuten goldgelb backen. Aus dem Ofen nehmen und auskühlen lassen. Die Stangen halten sich einem luftdicht verschließbaren Behälter bis zu 2 Wochen.

Spinat-Chili-Stangen

Diese knusprig-feurigen Stangen sind mit einem leichten Dip die perfekte Begleitung zu einem schönen kalten Bier.

½ TL gemahlener Koriander

½ TL Fenchelsamen, zerstoßen

½ TL gemahlener Kreuzkümmel

250 g frischer Spinat (oder 350 g TK-Spinat, aufgetaut und abgetropft)

220 g Weizenmehl

90 g kalte Butter, gewürfelt

1 kleine Knoblauchzehe, zerdrückt

½ TL Natron

½ TL Kurkuma

¼ TL Cayennepfeffer oder Chilipulver

1 TL Salz

1–2 Backbleche, mit Backpapier ausgelegt

Ergibt etwa 20 Stück

Den Backofen auf 180 °C vorheizen.

Koriander, Fenchelsamen und Kreuzkümmel in einer trockenen Pfanne bei mittlerer Hitze einige Minuten rösten, bis die Gewürze zu duften beginnen. Beiseitestellen.

Den frischen Spinat in kochendem Wasser 30 Sekunden blanchieren. Abtropfen lassen, gut ausdrücken und fein hacken. Alle Zutaten bis auf den Spinat in der Küchenmaschine mit der Puls-Funktion zu einer krümeligen Masse verarbeiten. Den Spinat untermischen und alles zu einem Teig kneten. Wenn die Zutaten nicht binden, noch etwas Wasser einarbeiten.

Den Teig auf einer leicht bemehlten Arbeitsfläche mit einer Teigrolle etwa 6 mm dick ausrollen und in 1 cm breite Streifen schneiden. Die Enden der Streifen gegeneinander aufdrehen. Die Stangen mit etwas Abstand auf die Backbleche legen. Etwa20 Minuten backen, bis sie leicht gebräunt sind. Aus dem Ofen nehmen und auskühlen lassen. Die Stangen halten sich in einem luftdicht verschließbaren Behälter bis zu 1 Woche.

Parmesan-Cracker

Diese Cracker haben wir schon ganz zu Beginn an unserem Stand auf der Portobello Road verkauft. Sie schmecken nicht nur fabelhaft, sie sehen auch toll aus. Ich habe immer ein paar davon zu Hause und knabbere sie am liebsten zu einem Weißwein oder Sekt.

220 g Weizenmehl

80 g Parmesan, fein gerieben

1 TL Salz

1 TL gekörnte Gemüsebrühe (oder zusätzlich ½ TL Salz)

1 sehr kleine Prise Cayennepfeffer

80 g kalte Butter, gewürfelt

50 ml Wasser

Crackerrand

3 EL Sesamsaat

3 EL Mohnsamen

1 Ei, verquirlt

1–2 Backbleche, mit Backpapier ausgelegt

Ergibt etwa 40 Stück

Mehl, Käse, Salz, gekörnte Brühe, Cayennepfeffer und Butter in der Küchenmaschine mit der Puls-Funktion zu einer krümeligen Masse verarbeiten. Das Wasser hinzugießen und weiter mit der Puls-Funktion zu einem Teig verarbeiten.

Den Teig auf einer leicht bemehlten Arbeitsfläche zu einer 4 cm dicken Rolle formen, in Frischhaltefolie einwickeln und etwa 10 Minuten im Kühlschrank ruhen lassen.

Aus dem Kühlschrank nehmen und die Frischhaltefolie entfernen. Für den Crackerrand Sesam und Mohn auf einem sauberen Backblech mischen. Die Teigrolle mit dem Ei bestreichen und in den Saaten rollen, bis sie gleichmäßig eingehüllt ist. Wieder in Frischhaltefolie einschlagen und weitere 30 Minuten im Kühlschrank ruhen lassen.

Den Backofen auf 150 °C vorheizen.

Den Teig aus dem Kühlschrank nehmen und die Frischhaltefolie entfernen. In etwa 4 mm dicke Scheiben schneiden und mit etwas Abstand auf den vorbereiteten Backblechen verteilen, da der Teig beim Backen etwas auseinanderläuft.

Im vorgeheizten Ofen etwa 25 Minuten goldgelb backen. Aus dem Ofen nehmen und auskühlen lassen. Die Cracker halten sich in einem luftdicht verschließbaren Behälter bis zu 2 Wochen.

Siehe Fotos Seite 96 und 97.

Käse-Schnittlauch-Cracker

Auch für dieses Rezept hat Popina einen Preis gewonnen. Das beste Ergebnis erzielen Sie mit einem reifen, würzigen Käse wie Gouda oder Cheddar. Genießen Sie die knusprigen Cracker zu einem Glas Rotwein.

220 g Weizenmehl

90 g alter Gouda, fein gerieben

1½ TL Salz

⅓ TL zerstoßene schwarze Pfefferkörner

80 g kalte Butter, gewürfelt

40 ml Wasser

Crackerrand

1 Ei, verquirlt

3 EL getrocknete Schnittlauchröllchen

1–2 Backbleche, mit Backpapier ausgelegt

Ergibt etwa 40 Stück

Mehl, Käse, Salz, Pfeffer und Butter in der Küchenmaschine mit der Puls-Funktion zu einer krümeligen Masse verarbeiten. Das Wasser hinzugießen und weiter mit der Puls-Funktion zu einem Teig verarbeiten.

Den Teig auf einer leicht bemehlten Arbeitsfläche zu einer 4 cm dicken Rolle formen, in Frischhaltefolie einwickeln und etwa 10 Minuten im Kühlschrank ruhen lassen.

Aus dem Kühlschrank nehmen und die Frischhaltefolie entfernen. Für den Crackerrand den Schnittlauch auf ein sauberes Backblech geben. Die Teigrolle mit dem Ei bestreichen und im Schnittlauch rollen, bis sie gleichmäßig eingehüllt ist. Wieder in Frischhaltefolie einschlagen und weitere 30 Minuten im Kühlschrank ruhen lassen.

Den Backofen auf 150 °C vorheizen.

Den Teig aus dem Kühlschrank nehmen und die Frischhaltefolie entfernen. In etwa 4 mm dicke Scheiben schneiden und mit etwas Abstand auf den vorbereiteten Backblechen verteilen, da der Teig beim Backen etwas auseinanderläuft.

Im vorgeheizten Ofen etwa 25 Minuten goldgelb backen. Aus dem Ofen nehmen und auskühlen lassen. Die Cracker halten sich in einem luftdicht verschließbaren Behälter bis zu 2 Wochen.

Einfache Dinkel-Hafer-Cracker

Diese mild-buttrigen Cracker schmecken eigentlich zu jeder Käsesorte. Ich bevorzuge aber kräftigere Sorten wie Stilton zusammen mit dem Rote-Bete-Chutney (nebenstehendes Rezept).

210 g Dinkelvollkornmehl

110 g zarte Haferflocken

½ TL Salz

½ TL Natron

100 g kalte Butter, gewürfelt

80 ml Wasser

Crackerrand

1 Ei, verquirlt

2 EL zarte Haferflocken

1–2 Backbleche, mit Backpapier ausgelegt

Ergibt etwa 40 Stück

Mehl, Haferflocken, Salz, Natron und Butter in der Küchenmaschine mit der Puls-Funktion zu einer krümeligen Masse verarbeiten. Das Wasser hinzugießen und weiter mit der Puls-Funktion zu einem Teig verarbeiten.

Den Teig auf einer leicht bemehlten Arbeitsfläche zu einer 5 cm dicken Rolle formen, in Frischhaltefolie einwickeln und 15 Minuten im Kühlschrank ruhen lassen.

Aus dem Kühlschrank nehmen und die Frischhaltefolie entfernen. Für den Crackerrand die Haferflocken auf ein sauberes Backblech geben. Die Teigrolle mit Ei bestreichen und in den Haferflocken rollen, bis sie gleichmäßig eingehüllt ist. Wieder in Frischhaltefolie einschlagen und 30 Minuten im Kühlschrank ruhen lassen.

Den Backofen auf 150 °C vorheizen.

Den Teig aus dem Kühlschrank nehmen und die Frischhaltefolie entfernen. In etwa 4 mm dicke Scheiben schneiden und mit etwas Abstand auf den vorbereiteten Backblechen verteilen, da der Teig beim Backen etwas auseinanderläuft.

Im vorgeheizten Ofen etwa 20 Minuten goldgelb backen. Aus dem Ofen nehmen und auskühlen lassen. Die Cracker halten sich in einem luftdicht verschließbaren Behälter bis zu 2 Wochen.

Rote-Bete-Chutney mit Apfel und Fenchel

Dieses himmlische süßsaure Chutney harmoniert wunderbar mit kräftigem Käse und vielen unserer Cracker.

160 g gekochte Rote Bete, gewürfelt

150 g Fenchel, geputzt und gewürfelt

150 g säuerliche Äpfel, geschält, entkernt und gewürfelt

100 g rote Zwiebel, gewürfelt

190 ml Branntweinessig

220 g brauner Zucker

½ Sternanis

2 Gewürznelken

1 TL Salz

2 Einmachgläser à 250 g, sterilisiert *(siehe Seite 4)*

Ergibt 2 Gläser à 250 g

Alle Zutaten in einem Topf zum Kochen bringen und bei mittlerer Hitze unter gelegentlichem Rühren 1 Stunde einköcheln lassen. Das Chutney sollte eine konfitüreartige Konsistenz haben. Andernfalls weitere 20 Minuten köcheln lassen.

Das heiße Chutney in die sterilisierten Gläser füllen und sofort verschließen. Vor dem Servieren 2–3 Tage durchziehen lassen. Hält sich im Kühlschrank bis zu 2 Wochen.

Spinat-Muffins mit Knoblauch und Muskat

250 g frischer Spinat (oder 350 g TK-Spinat, aufgetaut und abgetropft)

2 Eier

300 g Weizenmehl

2 TL Backpulver

100 ml Olivenöl

300 ml Vollmilch

1 Knoblauchzehe, zerdrückt

1 TL Salz

½ TL zerstoßene schwarze Pfefferkörner

½ TL frisch geriebene Muskatnuss

1 Muffin-Form mit 12 Vertiefungen, mit Papierkapseln ausgelegt

Ergibt 10–12 Stück

Den Backofen auf 170 °C vorheizen.

Den frischen Spinat in einem Topf mit kochendem Wasser 30 Sekunden blanchieren. Abtropfen lassen und so gut wie möglich ausdrücken. Fein hacken.

Den Spinat mit den restlichen Zutaten in eine große Rührschüssel geben und sorgfältig zu einem dünnflüssigen Teig verrühren.

Die Papierkapseln ganz mit Teig füllen und im vorgeheizten Ofen etwa 25 Minuten backen. Die Ofentür keinesfalls zu früh öffnen, da die Muffins zusammenfallen könnten. Sie sind fertig, wenn sie gut aufgegangen sind und bei leichtem Fingerdruck zurückfedern.

Muffins schmecken frisch gebacken und warm einfach am besten. Übrig gebliebene Muffins lassen sich blitzschnell in der Mikrowelle aufwärmen. Die Muffins halten sich in einem luftdicht verschließbaren Behälter 2 bis 3 Tage.

Tomaten-Feta-Muffins

2 Eier

300 g Weizenmehl

2 TL Backpulver

100 ml Olivenöl

200 ml Vollmilch

⅓ TL gekörnte Gemüsebrühe (oder zusätzliche ½ TL Salz)

1 TL Salz

⅓ TL zerstoßene schwarze Pfefferkörner

1 kleine Handvoll frische Petersilie, gehackt

100 g Feta-Käse, zerkrümelt

20–24 Cocktailtomaten, halbiert

1 Muffin-Form mit 12 Vertiefungen, mit Papierkapseln ausgelegt

Ergibt 10–12 Stück

Den Backofen auf 170 °C vorheizen.

Eier, Mehl, Backpulver, Olivenöl, Milch, gekörnte Brühe, Salz, Pfeffer und Petersilie in einer Rührschüssel sorgfältig zu einem dünnflüssigen Teig verrühren. Den Feta unterheben.

Die Papierkapseln zur Hälfte mit Teig füllen und 2 Tomatenhälften darauflegen. Bis zum Rand mit weiterem Teig auffüllen und weitere 2 Tomatenhälften leicht in den Teig drücken.

Im vorgeheizten Ofen etwa 25 Minuten backen. Die Ofentür keinesfalls zu früh öffnen, da die Muffins zusammenfallen könnten. Sie sind fertig, wenn sie gut aufgegangen sind und bei leichtem Fingerdruck zurückfedern.

Muffins schmecken frisch gebacken und warm einfach am besten. Übrig gebliebene Muffins lassen sich blitzschnell in der Mikrowelle aufwärmen. Die Muffins halten sich in einem luftdicht verschließbaren Behälter 2 bis 3 Tage.

100 g
50g

Popina
Herzhafte Tartes

Böden

Für alle herzhaften Popina-Tartes und -Quiches verwende ich einen der folgenden Böden. Pizzateig ist im Sommer perfekt, im Winter ist Mürbeteig besser geeignet. Mit Dinkelvollkornmehl wird ein Pizzateig nicht nur aromatischer, sondern auch gesünder. Gleiches gilt für Mürbeteig.

Mürbeteig

200 g Weizenmehl Type 550

100 g kalte Butter, gewürfelt

1 Ei

⅓ TL Salz

1 EL Wasser

Für eine Tarte-Form, 24 cm Ø

Mehl, Butter, Ei, Salz und Wasser in der Küchenmaschine zu einem glatten Teig verarbeiten. Alternativ den Teig von Hand zubereiten. Dann aber die Butter raspeln oder sehr klein würfeln.

Den Teig auf einer leicht bemehlten Arbeitsfläche mit einer Teigrolle etwa 5 mm dick ausrollen. Die Tarte-Form mit dem Teig auskleiden und den überstehenden Teig sauber abschneiden. Vor der Verwendung 20 Minuten im Kühlschrank ruhen lassen.

Zur weiteren Verwendung dem ausgewählten Rezept folgen.

Pizzateig

220 g Weizenmehl Type 550

1 TL Trockenbackhefe

⅓ TL Salz

2 EL Olivenöl

1 Ei

80 ml warmes Wasser

Für eine Tarte-Form, 24 cm Ø

Mehl, Hefe und Salz in einer Schüssel mischen. Eine Mulde in die Mitte drücken und Öl, Ei und Wasser hineingießen. Alles von Hand zu einem glatten Teig verarbeiten.

Den Teig auf eine leicht bemehlte Arbeitsfläche geben und einige Minuten durchkneten. Er sollte weich und elastisch sein. Falls er noch klebt, etwas Mehl einarbeiten. Anschließend den Teig wieder in die Schüssel geben und abgedeckt an einem warmen Ort 1 Stunde gehen lassen, bis er deutlich aufgegangen ist.

Zur weiteren Verwendung dem ausgewählten Rezept folgen.

Dinkelpizzateig

220 g Dinkelvollkornmehl

1 TL Trockenbackhefe

½ TL Salz

2 EL Olivenöl

1 Ei

60 ml warmes Wasser

Für eine Tarte-Form, 24 cm Ø

Mehl, Hefe und Salz in einer Schüssel mischen. Eine Mulde in die Mitte drücken und Öl, Ei und Wasser hineingießen. Alles von Hand zu einem glatten Teig verarbeiten.

Den Teig auf eine leicht bemehlte Arbeitsfläche geben und einige Minuten durchkneten. Er sollte weich und elastisch sein. Falls er noch klebt, etwas Mehl einarbeiten. Anschließend den Teig wieder in die Schüssel geben und abgedeckt an einem warmen Ort 1 Stunde gehen lassen, bis er deutlich aufgegangen ist.

Zur weiteren Verwendung dem ausgewählten Rezept folgen.

Kürbis-Parmesan-Tarte

Diese mit Gold ausgezeichnete Tarte war lange Jahre ein wichtiger Bestandteil unseres Herbst-/Winterangebots. Servieren Sie sie als Vorspeise oder als köstliche Beilage zu gebratenem Fleisch und einem Glas Rotwein.

1 Portion Dinkelpizzateig (siehe Seite 106)

1 kleine rote Zwiebel, in dünnen Ringen

400 g Butternusskürbis, geschält, entkernt und in Stiften

185 g Schlagsahne extra

1 Ei (Größe L)

3 EL fein geriebener Parmesan

1 TL Salz

⅓ TL zerstoßene schwarze Pfefferkörner

1 Tarte-Form mit gewelltem Rand und Hebeboden, 24 cm Ø, eingefettet

Ergibt etwa 8 Stücke

Den Backofen auf 170 °C vorheizen.

Den Dinkelteig 5 mm dick ausrollen und die Tarte-Form damit auskleiden. Den überstehenden Teigrand vorerst nicht begradigen. Beiseitestellen.

Zwiebel und Kürbis in einer Schüssel mischen und beiseitestellen.

Sahne, Ei, Käse, Salz und Pfeffer in einer zweiten Schüssel gut verquirlen.

Die Hälfte der Masse in die Form gießen, dann Zwiebel und Kürbis darauf verteilen. Mit der restlichen Eiersahne übergießen. Nun den überstehenden Teigrand begradigen.

Im vorgeheizten Ofen 30–35 Minuten goldgelb backen. Aus dem Ofen nehmen und einige Minuten abkühlen lassen. Dann warm oder kalt servieren.

Tomaten-Ziegenkäse-Tarte mit Basilikum

Mit ihrem lockeren Teig und der frischen Füllung aus Tomaten, Basilikum und Ziegenkäse ist diese leckere Tarte das perfekte Sommergericht.

1 Portion Pizzateig (siehe Seite 106)

2 Eier

100 g griechischer Joghurt

100 g kräftiger Ziegenweichkäse, zerdrückt

1 TL Backpulver

50 g Weizenmehl

1 TL Salz

½ TL zerstoßene schwarze Pfefferkörner

2 EL fein gehacktes frisches Basilikum

Belag

340 g Cocktailtomaten, halbiert

40 g kräftiger Ziegenweichkäse, zerkrümelt

Olivenöl, zum Beträufeln

ein paar frische Basilikumblätter, zum Garnieren

1 Tarte-Form mit gewelltem Rand und Hebeboden, 24 cm Ø, eingefettet

Ergibt etwa 8 Stücke

Den Backofen auf 170 °C vorheizen.

Den Pizzateig 5 mm dick ausrollen und die Tarte-Form damit auskleiden. Den überstehenden Teigrand vorerst nicht begradigen. Beiseitestellen.

Eier, Joghurt, Käse, Backpulver, Mehl, Salz, Pfeffer und Basilikum in einer Rührschüssel sorgfältig vermengen, bis eine weiche Masse entstanden ist.

Die Masse gleichmäßig auf dem Teigboden verteilen. Für den Belag die Cocktailtomaten mit der Schnittseite nach oben auf die Käsemasse setzen. Mit Ziegenkäse bestreuen und mit Olivenöl beträufeln. Nun den überstehenden Teigrand begradigen.

Im vorgeheizten Ofen 30 Minuten goldgelb backen. Aus dem Ofen nehmen und auskühlen lassen. Vor dem Servieren mit Basilikum garnieren.

Tarte mit Aubergine, Paprika und Tomaten

Diese großartige Tarte ist prall gefüllt mit saftigem Sommergemüse und damit ideal für ein gemütliches Picknick mit guten Freunden.

1 Portion Pizzateig (siehe Seite 106)

160 g Baby-Aubergine, längs halbiert (oder normale Aubergine, gewürfelt)

2 große rote Paprika, entkernt und in Streifen

1 große rote Zwiebel, in dünnen Ringen

50 ml Olivenöl, plus etwas mehr zum Beträufeln

1 TL Salz

½ TL zerstoßene schwarze Pfefferkörner

100 g Cocktailtomaten, halbiert

1 EL fein gehackte frische Petersilie

110 g würziger Hartkäse, gerieben

150 g griechischer Joghurt

1 Tarte-Form mit gewelltem Rand und Hebeboden, 24 cm Ø, eingefettet

Ergibt etwa 8 Stücke

Den Backofen auf 180 °C vorheizen.

Aubergine, Paprika und Zwiebel in eine (möglichst beschichtete) ofenfeste Form geben, mit Öl beträufeln und mit Salz und Pfeffer würzen.

Die Form mit Alufolie abdecken und das Gemüse im vorgeheizten Ofen 20 Minuten weich garen. Aus dem Ofen nehmen und abkühlen lassen. Das Gemüse gut abtropfen lassen und in eine Schüssel geben.

Die Backofentemperatur auf 170 °C reduzieren.

Den Pizzateig 5 mm dick ausrollen und die Tarte-Form damit auskleiden. Den überstehenden Teigrand vorerst nicht begradigen. Beiseitestellen.

Tomaten, Petersilie und die Hälfte des Käses unter das Gemüse mischen.

In einer zweiten Schüssel Joghurt und restlichen Käse verrühren und in die Form füllen.

Die Gemüsemischung gleichmäßig darauf verteilen. Nun den überstehenden Teigrand begradigen.

Im vorgeheizten Ofen 25–30 Minuten backen. Aus dem Ofen nehmen und auskühlen lassen.

Torteletts mit Paprika, Parmesan und Thymian

Leuchtend rote und gelbe Paprika sowie würziger Parmesan machen aus diesen leichten Sommertorteletts einen Hochgenuss. Genießen Sie sie mit einem gekühlten fruchtigen Weißwein.

1 Portion Pizzateig (siehe Seite 106)

2 rote Paprika, entkernt und in Streifen

2 gelbe Paprika, entkernt und in Streifen

1 rote Zwiebel, in dünnen Ringen

2 EL Olivenöl

½ TL Salz

½ TL zerstoßene schwarze Pfefferkörner

2 Knoblauchzehen, zerdrückt

½ TL frisch gehackter Thymian

½ TL frisch gehackte Petersilie

100 g Emmentaler, gerieben

80 g Parmesan (50 g gerieben, 30 g gehobelt)

150 g griechischer Joghurt

5 Tortelettförmchen, 10 cm Ø, eingefettet

Ergibt 5 Stück

Den Backofen auf 190 °C vorheizen.

Paprika und Zwiebel in einer ofenfesten Form vermischen. Mit Öl beträufeln und mit Salz und Pfeffer würzen. Die Form mit Alufolie abdecken und das Gemüse im vorgeheizten Ofen 20 Minuten weich garen. Aus dem Ofen nehmen und das Gemüse gut abtropfen lassen. Zum Abkühlen in eine Schüssel geben.

Die Backofentemperatur auf 170 °C reduzieren.

Während das Gemüse abkühlt, den Pizzateig 5 mm dick ausrollen und die Backformen damit auskleiden. Den überstehenden Teigrand vorerst nicht begradigen. Beiseitestellen.

Knoblauch, Thymian, Petersilie, 60 g Emmentaler und den geriebenen Parmesan unter das Gemüse mischen.

In einer zweiten Schüssel Joghurt und restlichen Emmentaler vermengen und auf den Teigböden verteilen.

Gleichmäßig mit dem Gemüse belegen und mit den Parmesanhobeln bestreuen. Nun den überstehenden Teigrand begradigen.

Im vorgeheizten Ofen 25 Minuten backen. Aus dem Ofen nehmen und auskühlen lassen.

Tarte mit gerösteten Honiggemüse

Mit Honig glasiertes Wurzelgemüse und ein knuspriger Dinkelboden machen aus dieser Tarte eine großartige Vorspeise oder eine Beilage zu einem winterlichen Braten.

1 Portion Dinkelpizzateig (siehe Seite 106)

200 g Karotten, schräg in Scheiben geschnitten

200 g Pastinaken, in Stiften

180 g Schalotten, je nach Größe halbiert oder geviertelt

1 EL flüssiger Honig

40 ml Olivenöl

1 TL Salz

½ TL zerstoßene schwarze Pfefferkörner

100 g würziger Hartkäse, gerieben

150 g griechischer Joghurt

1 Springform, 24 cm Ø, eingefettet

Ergibt etwa 8 Stücke

Den Backofen auf 200 °C vorheizen.

Karotten, Pastinaken und Schalotten in eine ofenfeste Form geben. Honig, Öl, Salz und Pfeffer hinzufügen und alles gut vermengen. Die Form mit Alufolie abdecken und das Gemüse im vorgeheizten Ofen 30 Minuten garen. Aus dem Ofen nehmen und noch immer abgedeckt 10–15 Minuten abkühlen lassen.

Die Backofentemperatur auf 170 °C reduzieren.

60 g Käse unter das Gemüse mischen.

Den Pizzateig 5 mm dick ausrollen und die Springform damit auskleiden. Den überstehenden Teigrand vorerst nicht begradigen. Beiseitestellen.

Den Joghurt in einer Schüssel mit dem restlichen Käse vermengen und in die Form füllen.

Die Gemüsemischung gleichmäßig darauf verteilen. Nun den überstehenden Teigrand begradigen.

Im vorgeheizten Ofen 25–30 Minuten backen. Aus dem Ofen nehmen und warm oder kalt servieren.

Käse-Tortelettes mit Portweinbirnen

Diese Torteletts haben es ganz schön in sich – mit Blauschimmelkäse und Aromen von Portwein, Walnüssen und weihnachtlichen Gewürzen. Sie eignen sich prima als Partysnack, sind mit Schweinswürsten aber auch ein wunderbares Winteressen.

1 Portion Mürbeteig (siehe Seite 106, doch statt Weizenmehl Dinkelvollkornmehl nehmen)

1 rote Zwiebel, in Ringen

2 EL Olivenöl

1 EL Wasser

160 g Knollensellerie, gerieben

½ TL Salz

½ TL zerstoßene schwarze Pfefferkörner

200 g Schlagsahne extra

1 Ei, verquirlt

100 g Roquefort

40 g Emmentaler, gerieben

1 TL frisch gehackte Petersilie

20 g Walnusskerne, gehackt

Portweinbirnen

3 feste Birnen

250 ml Portwein

40 g brauner Zucker

1 TL Gewürznelken

2 Sternanise

1 Zimtstange

3 Kardamomkapseln, zerdrückt

12 Tortelettförmchen mit gewelltem Rand (5 cm Ø, 2 cm tief), eingefettet

Ergibt 12 Stück

Für die Portweinbirnen die Birnen schälen, entkernen und achteln. Portwein, Zucker und sämtliche Gewürze in einen Topf geben und gut umrühren. Die Birnenspalten hinzufügen und alles bei sehr geringer Hitze langsam zum Kochen bringen. Unter gelegentlichem Rühren 30–40 Minuten köcheln lassen. Die Birnen sollten weich, aber nicht zerkocht sein. Zum Test mit einem scharfen Messer einstechen. Vom Herd nehmen und erkalten lassen. Abgedeckt mindestens 24 Stunden im Kühlschrank im Sud ziehen lassen.

Die Förmchen mit dem Mürbeteig auskleiden und 20 Minuten im Kühlschrank ruhen lassen. Inzwischen die Füllung zubereiten.

Den Backofen auf 170 °C vorheizen.

Zwiebel, Öl und Wasser in einer Pfanne bei geringer Hitze etwa 6 Minuten dünsten, bis die Zwiebel weich und das Wasser verdunstet ist. Sellerie, Salz und Pfeffer hinzufügen und 5 Minuten dünsten, bis der Sellerie weich ist. Vom Herd nehmen und abkühlen lassen.

Sahne, Ei und Roquefort in einer Schüssel mit einer Gabel verquirlen und den Roquefort dabei zerdrücken. Emmentaler und Petersilie untermischen. Die Masse unter die Selleriemischung rühren.

Die Tortelettförmchen aus dem Kühlschrank nehmen und mit der Käsemischung füllen. Mit den Walnüssen bestreuen. Die Portweinbirnen abtropfen lassen und je 2 Stücke auf die Torteletts legen.

Im vorgeheizten Ofen 20 Minuten backen. Aus dem Ofen nehmen und warm oder kalt servieren.

Pilztarte

Wenn Sie gern Pilze sammeln, verwenden Sie für dieses Rezept einfach Ihre ganz persönliche Mischung. Ansonsten eignet sich jede Pilzsorte vom Wochenmarkt ebenso gut.

1 Portion Pizzateig (siehe Seite 106)

15 g getrocknete Steinpilze

1 große rote Zwiebel, gewürfelt

2 EL Olivenöl, plus etwas mehr zum Beträufeln

2 EL Wasser

1 TL Salz

½ TL zerstoßene schwarze Pfefferkörner

1 TL frisch gehackter Thymian, plus ein paar Zweige zum Garnieren

2 Knoblauchzehen, gehackt

150 g kleine Zuchtchampignons (größere halbiert)

200 g Wiesenchampignons, in 1 cm dicken Scheiben

180 g Sahne

1 Ei (Größe L), verquirlt

1 Tarte-Form (30 cm x 20 cm) mit gewelltem Rand, eingefettet

Ergibt etwa 6 Stücke

Die Steinpilze in einer Schüssel mit warmem Wasser bedecken und 20 Minuten einweichen. Gut abtropfen lassen und hacken.

Den Backofen auf 200 °C vorheizen.

Zwiebel, Öl und Wasser in einer Pfanne bei geringer Hitze etwa 10 Minuten dünsten, bis die Zwiebel weich und das Wasser verdunstet ist. Vom Herd nehmen und Salz, Pfeffer, Thymian, Knoblauch und Steinpilze sorgfältig untermischen.

Beide Champignonsorten in eine ofenfeste Form geben und mit Öl beträufeln. Mit Alufolie abdecken und 10 Minuten im vorgeheizten Ofen garen. Aus dem Ofen nehmen und 10 Minuten abkühlen lassen. Die Pilze gut abtropfen lassen, dann unter die Zwiebelmischung heben.

Die Backofentemperatur auf 170 °C reduzieren.

Den Pizzateig 5 mm dick ausrollen und die Tarte-Form damit auskleiden. Den überstehenden Teigrand vorerst nicht begradigen.

Sahne und Ei in einer Schüssel verquirlen und die Hälfte davon in die Form gießen. Die Pilzmischung darauf verteilen, dann mit der restlichen Eiersahne bedecken. Nun den überstehenden Teigrand begradigen.

Im vorgeheizten Ofen 25–30 Minuten backen. Aus dem Ofen nehmen. Mit ein paar Thymianzweigen garniert warm oder kalt servieren.

Kartoffel-Tortelettes mit Frühlingszwiebeln

Diese mit gerösteten neuen Kartoffeln gefüllten Torteletts schmecken großartig zu einem Lammbraten, zu Fisch und sogar zu Suppen.

1 Portion Dinkelpizzateig (oder normaler Pizzateig, siehe Seite 106)

500 g kleine neue Kartoffeln, halbiert

40 ml Olivenöl

1½ TL Salz

½ TL zerstoßene schwarze Pfefferkörner

100 g Frühlingszwiebeln, in Ringen

2 Knoblauchzehen, zerdrückt

70 g würziger Hartkäse, gerieben

170 g Schlagsahne extra

1 Ei (Größe L)

6 Torteletttförmchen mit gewelltem Rand und Hebeboden, 10 cm Ø, eingefettet

Ergibt 6 Stück

Den Backofen auf 200 °C vorheizen.

Kartoffeln, Öl, Salz und Pfeffer in einer ofenfesten Form vermengen. Die Form mit Alufolie abdecken und die Kartoffeln 20 Minuten im vorgeheizten Ofen garen. Aus dem Ofen nehmen und 10 Minuten abkühlen lassen.

Die Backofentemperatur auf 170 °C reduzieren.

Frühlingszwiebeln, Knoblauch und Käse gleichmäßig unter die Kartoffeln mengen.

Den Pizzateig 5 mm dick ausrollen und die Förmchen damit auskleiden. Den überstehenden Teigrand vorerst nicht begradigen.

Sahne und Ei in einer Schüssel verquirlen, dann die Hälfte auf die Torteletts verteilen. Die Kartoffelmischung darauf verteilen und mit der restlichen Eiersahne bedecken. Nun den überstehenden Teigrand begradigen.

Im vorgeheizten Ofen 25 Minuten goldgelb backen. Aus dem Ofen nehmen und 5 Minuten abkühlen lassen. Dann warm servieren.

Spinatquiche mit Feta und Tomate

Ein cremiger Hochgenuss mit Spinat und aromatischen Cocktailtomaten.

1 Portion Mürbeteig (siehe Seite 106)

200 g frischer Spinat (oder 320 g TK-Spinat, aufgetaut und abgetropft)

60 g Feta-Käse, zerkrümelt

1 Knoblauchzehe, zerdrückt

½ TL Salz

½ TL zerstoßene schwarze Pfefferkörner

2 Eier (Größe L), verquirlt

200 g Schlagsahne extra (36 % Fettgehalt)

90 ml fettarme Milch

90 g Cocktailtomaten, halbiert

1 Tarte-Form mit gewelltem Rand und Hebeboden, 24 cm Ø, eingefettet

Ergibt 6 Stücke

Den Backofen auf 170 °C vorheizen.

Die Tarte-Form mit dem Mürbeteig auskleiden und 20 Minuten im Kühlschrank ruhen lassen.

Inzwischen für die Füllung den Spinat in einem Topf mit kochendem Wasser 30 Sekunden blanchieren. Abtropfen lassen und so gut wie möglich ausdrücken. Den Spinat fein hacken, dann mit Feta, Knoblauch, Salz und Pfeffer in einer Schüssel vermengen.

Eier, Sahne und Milch in einer zweiten Schüssel verquirlen und die Hälfte in die Form gießen. Den Spinat gleichmäßig darauf verteilen, anschließend mit der restlichen Eiersahne bedecken. Die Tomatenhälften mit der Schnittseite nach oben daraufsetzen.

Im vorgeheizten Ofen 30 Minuten backen. Aus dem Ofen nehmen und auskühlen lassen.

Mini-Quiches mit Lauch und Käse

Einfach und doch so lecker. Ich empfehle Ihnen kräftigen, alten Gouda und jung geernteten, besonders zarten Lauch.

1 Portion Mürbeteig (siehe Seite 106)

2 Eier (Größe L), verquirlt

185 g Schlagsahne extra

50 ml fettarme Milch

100 g alter Gouda, gerieben

1 kleine Lauchstange, in dünnen Ringen

½ TL Salz

½ TL zerstoßene schwarze Pfefferkörner

6 Tortelettförmchen mit gewelltem Rand und Hebeboden, 10 cm Ø, eingefettet

Ergibt 6 Stück

Den Backofen auf 170 °C vorheizen.

Die Förmchen mit dem Mürbeteig auskleiden und 20 Minuten im Kühlschrank ruhen lassen.

Inzwischen für die Füllung Eier, Sahne und Milch in einer Schüssel gut verquirlen, dann Käse, Lauch, Salz und Pfeffer untermischen.

Die Tortelettförmchen aus dem Kühlschrank nehmen und mit der Lauchmischung füllen.

Im vorgeheizten Ofen 30 Minuten backen. Aus dem Ofen nehmen und auskühlen lassen.

Zucchini-Fenchel-Tarte

Servieren Sie diese sommerliche Tarte mit Rucolasalat, Fisch und Weißwein.

1 Portion Pizzateig (siehe Seite 106)

350 g Zucchini, in 1 cm dicken Scheiben

200 g Fenchel, geputzt und in 1 cm dicken Scheiben

1 kleine rote Zwiebel, halbiert und in 5 mm dicken Scheiben

40 ml Olivenöl

1 TL Salz

½ TL zerstoßene schwarze Pfefferkörner

1 EL frisch gehackte Petersilie

100 g gereifter Cheddar, gerieben

150 g griechischer Joghurt

1 Tarte-Form (33 cm x 10 cm), eingefettet

Ergibt etwa 6 Stücke

Den Backofen auf 200 °C vorheizen.

Zucchini, Fenchel, Zwiebel, Öl, Salz und Pfeffer in einer ofenfesten Form vermengen. Die Form mit Alufolie abdecken und das Gemüse 30 Minuten im vorgeheizten Ofen garen. Aus dem Ofen nehmen und noch immer abgedeckt 10–15 Minuten abkühlen lassen.

Die Backofentemperatur auf 170 °C reduzieren.

Das Gemüse gut abtropfen lassen und in eine Schüssel geben. Petersilie und 60 g Käse untermischen. Den Pizzateig 5 mm dick ausrollen und die Tarte-Form damit auskleiden. Den überstehenden Teigrand vorerst nicht begradigen.

Joghurt und restlichen Käse in einer Schüssel mischen und in die Form füllen. Die Gemüsemischung gleichmäßig darauf verteilen. Nun den überstehenden Teigrand begradigen. Im vorgeheizten Ofen 25–30 Minuten backen. Aus dem Ofen nehmen und auskühlen lassen.

Siehe Fotos Seite 128 und 129.

Käse-Burek

Diese wundervolle serbische Spezialität stammt aus der Rezeptsammlung meiner Mutter Rozalia. Ich habe sie in zwei Varianten leicht abgewandelt. Burek ist leicht herzustellen und versetzt Gäste immer in Begeisterung. Für die Füllung empfehle ich Ihnen einen kräftigen, im Fass gereiften Feta-Käse.

250 g Hüttenkäse

60 g im Fass gereifter Feta-Käse, zerkrümelt

190 g fettarmer griechischer Joghurt

2 Eier, verquirlt

2 EL Olivenöl, plus etwas mehr zum Bestreichen

½ TL Natron

1½ TL Salz

6 große Blätter dicker Filoteig (47 cm x 32 cm, siehe Hinweis unten)

1 Springform (20 cm Ø, 7 cm tief), mit Backpapier ausgelegt

Ergibt 6 Stücke

Den Backofen auf 180 °C vorheizen.

Hüttenkäse, Feta, Joghurt, Eier, Öl, Natron und Salz in einer Rührschüssel vermengen.

Eine große Arbeitsfläche freiräumen. Ein Blatt Filoteig ausbreiten und dünn mit Öl bestreichen. Mit einem zweiten Teigblatt belegen. Ein Drittel der Käsemasse gleichmäßig darauf verteilen, dabei an allen Seiten einen Rand frei lassen.

Die beiden Kurzseiten 2 cm einschlagen. Die vordere Langseite ebenfalls 2 cm einschlagen und den Teig locker aufrollen. Die Rolle vorsichtig anheben und am Rand entlang in die Form legen. Vorsichtig arbeiten, da der Teig leicht bricht. Kleine Risse hier und da sind aber nicht so tragisch.

Den Vorgang mit den restlichen Filoteigblättern wiederholen und zwei weitere Rollen herstellen. Die Rollen spiralförmig in die Form legen. Die Enden sollten jeweils direkt aneinander anschließen. Die Teigspirale mit Öl bestreichen.

Im vorgeheizten Ofen 40 Minuten backen, bis der Teig aufgegangen und goldbraun ist. Keine Sorge, wenn der Teig stellenweise sehr dunkel wird – das schmeckt besonders lecker! Aus dem Ofen nehmen, ein paar Minuten abkühlen lassen und warm servieren. Burek lässt sich gut einfrieren. Einfach wieder auftauen und vor dem Servieren im Ofen aufwärmen.

Hinweis: Große Filoteigblätter findet man in türkischen Supermärkten oder gut sortierten Supermärkten. Ersatzweise können Sie auch türkische Yufkateigblätter verarbeiten. Wenn Sie keine so großen Blätter finden können, legen Sie kleinere Blätter einfach überlappend aus, bis die richtige Größe erreicht ist. Bedenken Sie aber, dass Sie eventuell mehr Teig benötigen.

PALLARES
SOLSONA

Spinat-Käse-Burek

Diese Köstlichkeit bereite ich schon seit Jahren für meine Marktstände zu, und sie geht immer weg wie warme Semmeln. In manchen Teilen Osteuropas wird Burek traditionell mit einem Glas Kefir gereicht.

300 g frischer Spinat (oder 420 g TK-Spinat, aufgetaut und abgetropft)

110 g Hüttenkäse

100 g griechischer Joghurt

1 Ei (Größe L), verquirlt

30 ml Olivenöl, plus etwas mehr zum Beträufeln

30 ml Mineralwasser mit Kohlensäure

½ TL Natron

1 TL Salz

250 g große Blätter Filoteig

1 quadratische Backform (18 cm Seitenlänge, 4 cm tief), eingefettet

Ergibt 4–6 Stücke

Den Backofen auf 180 °C vorheizen.

Den frischen Spinat in einem Topf mit kochendem Wasser 30 Sekunden blanchieren. Abtropfen lassen und so gut wie möglich ausdrücken. Den Spinat hacken, dann mit Hüttenkäse, Joghurt, Ei, Öl, Wasser, Natron und Salz in einer Rührschüssel vermengen.

Ein Filoteigblatt in die Form legen und an einer Seite der Form überlappen lassen. Mit Öl bestreichen. Ein zweites Blatt so darauflegen, dass der Teig an der gegenüberliegenden Seite überlappt. Einen großzügigen Esslöffel Spinatmasse darauf verteilen. Mit zwei weiteren Teigblättern belegen und überlappenden Teig so falten, dass er in die Form passt. Mit Öl bestreichen. Auf diese Weise weiter Spinat und je 2 Teigblätter in die Form schichten, bis die Spinatmasse aufgebraucht ist. Mit einer Spinatschicht enden.

Abschließend den überstehenden Teig über die Spinatschicht schlagen, um die Oberseite zu bedecken. Den Teigdeckel mit Öl bestreichen. Falls die Oberseite nicht vollständig mit Teig bedeckt ist, ein weiteres Blatt darüberlegen und mit Öl bestreichen.

Im vorgeheizten Ofen 40 Minuten backen, bis der Burek aufgegangen und goldbraun ist. Aus dem Ofen nehmen, einige Minuten abkühlen lassen und warm servieren. Burek lässt sich gut einfrieren. Einfach wieder auftauen und vor dem Servieren im Ofen aufwärmen.

Gemüsestrudel mit weißen Bohnen

Für dieses Rezept können Sie verschiedene Bohnensorten verwenden: Neben weißen Bohnen schmecken auch Kidney-, Flageolet- oder grüne Bohnen ganz ausgezeichnet. Ich serviere diesen Filoteigstrudel gern zu einer Suppe, mit einem Salat oder ein paar Scheiben Salami.

50 ml Olivenöl

1 kleine rote Zwiebel, gehackt

160 g rote und/oder gelbe Paprika, entkernt und gewürfelt

100 g Aubergine, gewürfelt

100 g Zucchini, gewürfelt

230 g weiße Bohnen aus der Dose, abgespült und abgetropft

½ TL geräuchertes Paprikapulver

1 TL Salz

⅓ TL zerstoßene schwarze Pfefferkörner

1 Knoblauchzehe, zerdrückt

2 kleine Tomaten, gehackt

2 Eier, verquirlt

6 große Blätter dicker Filoteig (47 cm x 32 cm, siehe Hinweis unten)

1 Backblech, eingefettet

Ergibt 2 Stück – für etwa 10 Personen

Den Backofen auf 180 °C vorheizen.

Zwei Esslöffel Olivenöl in einer Pfanne erhitzen und die Zwiebel darin 5 Minuten bei mittlerer Hitze andünsten. Die Paprika hinzufügen und 5 Minuten garen. Aubergine, Zucchini, Bohnen, Paprikapulver, Salz und Pfeffer zugeben und weitere 10–15 Minuten garen, bis Auberginen und Zucchini weich sind. Vom Herd nehmen und 15 Minuten abkühlen lassen. Dann Knoblauch, Tomaten und Eier unterrühren.

Eine große Arbeitsfläche frei räumen. Ein Blatt Filoteig ausbreiten und dünn mit Öl bestreichen. Zwei weitere Teigblätter – jeweils dünn mit Öl bestrichen – darauflegen.

Die Gemüsemischung halbieren und eine Hälfte entlang der vorderen Längsseite etwa 5 cm breit auf dem Teigblatt verteilen. Dabei auf beiden Seiten einen 2 cm breiten Rand lassen. Die vordere Kante etwa 2 cm über die Füllung schlagen. Dann den Filoteig aufrollen und die Seiten dabei einschlagen. Den Strudel dünn mit Öl bestreichen.

Auf diese Weise mit den restlichen Filoteigblättern und der Gemüsemischung einen zweiten Strudel herstellen. Die beiden Strudel auf das vorbereitete Backblech heben.

Im vorgeheizten Ofen 25 Minuten goldgelb backen. Aus dem Ofen nehmen, 5 Minuten abkühlen lassen und warm servieren.

Hinweis: Große Filoteigblätter findet man in türkischen Supermärkten oder gut sortierten Supermärkten. Ersatzweise können Sie auch türkische Yufkateigblätter verarbeiten. Wenn Sie keine so großen Blätter finden können, legen Sie kleinere Blätter einfach überlappend aus, bis die richtige Größe erreicht ist. Bedenken Sie aber, dass Sie eventuell mehr Teig benötigen.

Mini-Pizzas Margherita mit Oliven

Stellen Sie sich vor, es ist ein warmer Sommertag, Sie sitzen mit guten Freunden und einem kühlen Weißwein im Freien und haben einen entspannten Abend vor sich. Dann fehlen nur noch diese tollen kleinen Pizzas. Oder: Es ist Samstagabend an einem kalten Wintertag, und Sie haben noch nichts vor. Dann backen Sie sich doch ein paar Pizzas und machen es sich mit einem guten Rotwein auf dem Sofa gemütlich.

Vorteig

200 ml warmes Wasser

1½ TL Trockenbackhefe

130 g Weizenmehl Type 550

Teig

1 EL Olivenöl

1½ TL Salz

165 g Weizenmehl Type 550

Belag

250 g passierte Tomaten

2 EL Olivenöl, plus etwas mehr zum Bestreichen

1 EL frisch gehackter Oregano, plus etwas mehr zum Garnieren

½ TL Salz

¼ TL zerstoßene schwarze Pfefferkörner

150 g Mozzarella, in kleine Stücke gerissen

40 g entsteinte schwarze Oliven, gehackt

2–3 beschichtete Backbleche

Ergibt 16 Stück

Für den Vorteig das Wasser mit der Hefe in einer Rührschüssel verrühren. Dann das Mehl einrühren. Abdecken und an einem warmen Ort 1 Stunde gehen lassen.

Inzwischen für den Belag passierte Tomaten, Öl, Oregano, Salz und Pfeffer in einer Schüssel verrühren und beiseitestellen.

Nach einer Stunde sollte der Vorteig Blasen geworfen und aufgegangen sein. Für den Teig Öl, Salz und Mehl sorgfältig in den Vorteig einarbeiten. Auf einer gut bemehlten Arbeitsfläche einige Minuten kräftig durchkneten. Den Teig in 16 gleich große Stücke teilen und zu Kugeln formen. Mit einer Teigrolle zu etwa 10 cm großen Kreisen ausrollen. Die Teigböden auf die Backbleche heben und gut mit Öl bestreichen. Etwas Tomatensauce darauf verteilen und mit Mozzarella und Oliven belegen. Nochmals etwa 30 Minuten an einem warmen Ort gehen lassen.

Den Backofen auf 200 °C vorheizen.

Die Pizzas im vorgeheizten Ofen etwa 15 Minuten backen. Aus dem Ofen nehmen und mit Oregano bestreuen. Einige Minuten abkühlen lassen, dann heiß servieren.

Focaccia mit Zwiebeln und Paprika

Ein wundervolles, aromatisches Brot zu Suppen oder für den Picknickkorb – und überdies ganz einfach herzustellen.

2 TL Trockenbackhefe

250 ml warmes Wasser

390 g Weizenmehl Type 550

1 TL getrockneter Oregano

3 EL Olivenöl

1½ TL Salz

Belag

50 ml Olivenöl

½ rote Paprika, entkernt und in dünnen Streifen

½ rote Zwiebel, in dünnen Ringen

1 Backform (30 cm x 20 cm), eingefettet

Ergibt 8–10 Stücke

Die Hefe in einer Schale mit dem Wasser anrühren und 5 Minuten quellen lassen.

Mehl, Oregano, Öl und Salz in einer Rührschüssel vermengen. Den Hefeansatz hinzufügen und alles zu einem glatten Teig verarbeiten. Den Teig auf einer gut bemehlten Arbeitsfläche einige Minuten durchkneten. Er sollte weich und elastisch sein. Falls er noch klebt, etwas Mehl einarbeiten. Den Teig zurück in die Rührschüssel geben, abdecken und 1 Stunde an einem warmen Ort gehen lassen, bis er deutlich aufgegangen ist.

Den aufgegangenen Teig auf einer gut bemehlten Arbeitsfläche einige Minuten kräftig durchkneten, dann 5 Minuten ruhen lassen.

Den Teig mit einer Teigrolle auf die Größe der Backform ausrollen. In die Form legen und nochmals ausziehen, bis die Form vollständig ausgefüllt ist. Mit den Fingern in einem Abstand von 2 cm Vertiefungen in den Teig drücken.

Den Teig gleichmäßig mit Öl beträufeln und mit Paprika und Zwiebel belegen. Abgedeckt weitere 40 Minuten gehen lassen, bis der Teig erneut an Volumen gewonnen hat.

Den Backofen auf 200 °C vorheizen.

Die Focaccia im vorgeheizten Ofen 15 Minuten goldgelb backen. Aus dem Ofen nehmen und auskühlen lassen. Die Focaccia hält sich in einem luftdicht verschließbaren Behälter bis zu 2 Tage.

Mini-Polentabrote mit Gemüse

Diese sehr vielseitigen kleinen Brote haben eine wunderbar leichte Textur. Sie sind ideal als Beilage zu Suppen, Salaten, Dips oder auch zu Bratengerichten und schmecken so lecker, dass man sie morgens, mittags und abends essen könnte.

1 Ei, getrennt

260 ml fettarme Milch

200 ml Pflanzenöl

120 g Weizenmehl Type 550

160 g Polenta (feiner Maisgrieß)

1 TL Backpulver

1 TL Salz

1 große rote Paprika, entkernt und in dünnen Streifen

9 Cocktailtomaten, geviertelt

6 Tortelettförmchen mit gewelltem Rand und Hebeboden, 10 cm Ø, eingefettet

Ergibt 6 Stück

Eigelb, Milch, Öl, Mehl, Polenta, Backpulver und Salz in einer Rührschüssel zu einem glatten Teig verarbeiten. Im Kühlschrank 30 Minuten ruhen lassen, damit die Polenta quellen kann. Dadurch erhält die Krume eine bessere Textur.

Den Backofen auf 200 °C vorheizen.

Den Teig aus dem Kühlschrank nehmen. Das Eiweiß in einer zweiten, fettfreien Schüssel steif schlagen und vorsichtig unter den Teig heben. Den Teig fast bis zum Rand in die Förmchen füllen und mit Paprika und Tomaten belegen.

Im vorgeheizten Ofen 15 Minuten backen. Aus dem Ofen nehmen, leicht abkühlen lassen und warm servieren. Die Brote halten sich in einem luftdicht verschließbaren Behälter bis zu 3 Tage.

Register

Danksagung

Ich möchte den folgenden Personen danken:

Meinem Freund und Geschäftspartner Matt Gruninger für seinen Einsatz und seine Unterstützung; allen früheren und derzeitigen Mitarbeitern in der Popina-Küche und auf den Märkten sowie den Fahren für ihre harte und engagierte Arbeit, ohne die Popina nicht da stünde, wo es heute ist; Sergei Strelets und Laura Amos für die Inspiration und ihren Einsatz; im Büro: Milena Velgosova und Karolina Wojtun; in der Küche: Raphal Lukanski, Tibi Tehel, Magda Wozniak, Joanna Kawalerczyk, Tibor Varga, Bela Nagy, Graciano Vaz-Andrade, Kingsley Uyigue, Zsuzsanna Bimbo, Arthur Dzuiba und Tomasz Dyczko; Marion Gough: danke, dass du an uns geglaubt hast; Francesca Shepherd für ihre Hilfe bei der PR; Igor Jocic für alle Popina-Designs und seine großzügige Hilfe über die Jahre; Jose Lasheras für alle Popina-Fotos; Johnny von The Print Factory dafür, dass er uns nie im Stich gelassen hat; Patrick Cairns für seine helfende Hand; all meinen Freunden, die mir in den schwierigen ersten Jahren und bis heute so uneigennützig geholfen haben: Clare Pearson, Nick Henderson, Melissa Odabash, Jorge Camman, Tim Sanderson, Ryan Board, Susan Hicks; Hackney Business Venture für die anfängliche Förderung und Mr. Jonathan Miller von Fortnum & Mason, der als erster Einkäufer auf Popina aufmerksam wurde und uns netterweise seine Hilfe anbot. Für ihre Unterstützung und die Nennung unseres Unternehmens danken wir Elizabeth Hurley, William Sitwell, Redakteur bei *Waitrose Food Illustrated*, Jenni Muir von *Time Out* und Henrietta Green für ihre Hilfe und Unterstützung über die Jahre und ihr wunderbares Vorwort. Dank an Mark Handley und Cheryl Cohen von den London Farmers Markets; das Portobello Road Market Office; Louise Brewood vom Broadway Market; an alle bei Ryland Peters & Small, insbesondere Alison Starling, Celine Hughes und Steve Painter; an den Buchfotografen Peter Cassidy; die Foodstylistin Linda Tubby; an Jane Milton für das Ausprobieren der Rezepte; an all unsere Vertriebspartner und Zulieferer in den letzten Jahren und all die fabelhaften Popina-Kunden für ihre Unterstützung und ihre Treue; an meinen Mann und meine Familie. Zu guter Letzt möchte ich The Prince's Trust und Seiner Königlichen Hoheit Prinz Charles für sein ganz persönliches Interesse an Popina danken.